AF188259

Irene Dannenberg

Memoiren einer Zeitungszustellerin

Bibliographische Information der Deutschen Bibliothek:
Die Deutsche Bibliothek verzeichnet diese Publikation in der Deutschen Nationalbibliothek; detaillierte bibliographische Daten sind im Internet über https://www.dnb.de/ abrufbar.

ISBN 9-783-74948224-5

September 2019
Herstellung und Verlag: BoD – Books on Demand, Norderstedt

Umschlag und Buchgestaltung
Irene Dannenberg
E-Mail: Irene.Dannenberg@gmail.com

Inhaltsverzeichnis

Vorspann

Es war ein Tag wie jeder andere. Ingeborg träumte, sie sei am Meer. Endlos dehnte sich der Sandstrand. Plötzlich riss sie ein Rasseln aus ihren Urlaubsträumen. Sie griff nach dem Wecker auf ihrem Nachttisch und drückte ihn herunter. Enttäuscht dachte sie an ihren so jäh unterbrochenen Traum von Ruhe und Erholung. Dann raffte sie sich entschlossen auf und kroch aus dem warmen Bett. Tja, die Arbeit rief, da war nichts zu machen. Sie erhob sich, zog sich rasch an, kämmte sich, trank schnell etwas Wasser, um die ausgetrocknete Kehle anzufeuchten, zog sich die Schuhe und die Jacke an und verließ die Wohnung mit ihrem Zeitungswagen. Als sie aus dem Haus heraus war und um die Ecke bog blies ihr der kühle Herbstwind ins Gesicht. Schnell zog sie das Tuch fester um ihren Hals und schritt zügig aus, um bald an der Ladestelle zu sein. Als sie dort eintraf, waren ihre beiden Kollegen schon da und unterhielten sich angeregt beim Postsortieren. Ingeborg grüßte, packte ihre Zeitungen ein, sortierte ihre Post und plauderte noch ein bisschen mit den beiden. Dann brachen alle drei zu ihrer morgendlichen Tour auf. Als sie nach einer langen Straße zum Wagen zurückkam, schoss ein etwa katzengroßes Tier mit buschigem Schwanz angriffslustig auf sie zu. Immer wieder versuchte es, sie beim Weiterfahren von hinten anzugreifen. Sie konnte das Tier nur abwehren, indem sie den Wagen herumriss und auf das Tier zufuhr. Endlich wich es erschrocken weiter zurück. Sie zog weiter, den Wagen hinter sich herziehend. Das Tier blieb geduckt am Boden hocken und wagte keinen weiteren Angriff mehr. Als Ingeborg fast fertig war mit ihrer Tour und die Straße zum nächsten Klienten überqueren musste schoss plötzlich ein Laster ungebremst auf sie zu. Sie sprang mit dem Wagen in die Reihe der parkenden Autos. Im letzten Moment bog der Laster ein Stückchen nach links ab, um dem parkenden Auto neben Ingeborg auszuweichen. Eine Weile später stand der Laster weiter oben unbeleuchtet mitten auf der Straße. Nichts rührte sich. Sie hetzte nach dem Stecken der letzten Zeitung den Hang hinauf, um schleunigst nach Hause zu eilen. Ihr war irgendwie unheimlich zumute. Auf dem Heimweg erinnerte sie sich an eine andere Begegnung mit einem Marder, nicht weit von der Stelle entfernt, wo es gerade eben passiert war. Damals war er von vorn gekommen und es hatte genügt, den Wagen zwischen sich und das Tier zu schieben. Daraufhin war er abgehauen. Zu Hause angekommen studierte sie sicherheitshalber noch ihr Buch mit den Tier- und Pflanzenabbildungen. Nein, nein, sie war sich ganz sicher, dass es sich um einen Marder gehandelt hatte.

Eines Morgens traf sie an der Ladestelle auf ihre Kollegin, die sie mit den Worten empfing: „Vorhin waren Schüsse da unten aus deinem Bezirk zu hören. Ich würde heute nicht da hinunter gehen wollen!" Ingeborg packte ihre Zeitungen ein und blickte immer wieder in Richtung ihres Bezirkes und weiter hinunter zur erleuchteten Silhouette der Stadt. Ihr war etwas beklommen zumute. Doch alles blieb ruhig. Noch schnell die Post sortiert, dann ging es los mit der morgendlichen Tour. Unterwegs erinnerte sie sich an eine Sonntagszeitungstour in einem anderen Vorort der Stadt. Da hatte sie selbst Schüsse gehört, in der Richtung, in der sie gehen musste. Als sie jedoch dorthin gelangte, von wo sie sie gehört hatte, war alles ruhig. Da beruhigte sie sich wieder und zog ihres Weges.

Einmal bellten Hunde die ganze Nacht, auch gegen Morgen noch, als Ingeborg losgehen musste, war das schaurige Konzert noch nicht beendet. Als sie an die Ladestelle kam, traf sie auf die eifrig debattierenden Kollegen. Sie konnten sich keinen Reim darauf machen, was los war. Nicht weit entfernt stand ein Lastwagen abgestellt. Von dort her schien das Bellen zu kommen. Ingeborg erinnerte sich an eine unheimliche Nacht in ihrer Kindheit. Da hatte sie vom Küchenfenster aus einen ebensolchen Lastwagen erspäht. Eine Meute Hunde kam hinter einem Leithund die Straße entlang gejagt wie die Reiter der Apokalypse. Der Leithund sprang über die offene Klappenwand in den Lastwagen hinein und die Meute folgte ihm blindlings. Da schloss sich die Klappe wie von Geisterhand und nach einer Weile fuhr der Lastwagen davon mit seiner wild kläffenden Last im Bauch. Später las sie in der Zeitung über die Praktiken der Hundefänger. So ein nächtliches Spektakel war das wohl gewesen. Sie erzählte ihren Kollegen von diesem Kindheitserlebnis. Als sie noch beim Briefesortieren war, zogen die Kollegen zu ihrer morgendlichen Tour los. Da tauchte aus einem Gebäudeschatten plötzlich ein Mann mit einem Schäferhund auf, der die Ohren schief angelegt hatte und sich mucksmäuschenstill verhielt. Der Mann starrte sie derart an, dass es ihr eiskalt den Rücken hinunterlief. Schließlich ging er weiter und die Schrecksekunde war vorbei. Ingeborg zitterte wie Espenlaub ob der ausgestandenen Angst.

Einmal kam ein Obdachloser aus einem der Wege, die aus einer Gartenanlage heraufführten. Sein Hund ging in Angriffsposition und bleckte die Zähne. Der Mann forderte eine Zeitung von ihr. Als sie zögerte, kam ihr der Hund gefährlich nahe. Da — endlich zerrte der Obdachlose seinen widerstrebenden Hund zurück und trollte sich Richtung Gartenanlage.

Was sie am meisten an ihrem Beruf liebte, waren die schönen Morgenstimmungen und besonders die Sonnenaufgänge im Frühling. Wenn die Vögel begannen, den Morgen mit ihrem überirdisch schönen Gesang zu begrüßen, dachte sie an ein Lied, dass sie in ihrer Schulzeit gelernt hatte. Sie konnte sich nur noch an eine Textzeile mit Melodie erinnern: „... der Pirol und dann die Vöglein alle stimmen an die schöne Melodei." Wie mochte wohl der Liedanfang gelautet haben? Sie konnte sich im Moment nicht mehr daran erinnern. Vielleicht sollte sie einmal in der „Mundorgel" oder in einem anderen Liederbüchlein nachschauen, ob es sich dort wohl finden ließe. Ach, sie war ja so müde und wollte noch etwas ins Bett gehen, bevor es weiterging. Später hatte sie ihr Vorhaben bereits wieder vergessen, als sie zu ihren anderen Tätigkeiten eilte und zwischendurch noch schnell in einem Laden vorbeischaute, um ein paar notwendige Lebensmittel einzukaufen.

Besonders fürchtete sie immer den Winter, da es in ihrem Bezirk viele glatte Stellen gab und sie schon öfters gestürzt war. Glücklicherweise war es nicht so schlimm gewesen bis dahin.

Mittwochs war immer besonders viel Arbeit, da musste sie noch eine kostenlose Zeitung austragen, oft auch mit Reklame oder sie musste die Prospekte gar auf der Straße einlegen. Das war anstrengend, zumal mehr Arbeit auf sie wartete, je später geliefert wurde und es dann finster wurde, bevor sie fertig war. Auch da gab es ein paar heimtückische, unfallträchtige Stellen! Einmal hatte sie Vertretung, nicht nur die Tageszeitung, sondern auch diese kostenlose Zeitung. So war sie spät dran. Da passierte es an einer schummrigen Stelle, dass sie die durch Büsche verdeckten Treppenstufen nicht bemerkte. Sie konnte sich nicht mehr halten, stürzte zu Boden und machte mit der Wange schmerzhafte Bekanntschaft mit einem scharfkantigen Blumentopf. Sofort schoss das Blut aus der Wunde und strömte auf den Boden. Es war alles stockdunkel. Da tastete sie sich zum Wagen zurück und zur beleuchteten Straße vor, wo ein hilfsbereiter Herr einen Krankenwagen rief. Im Krankenhaus wurde ihr eröffnet, es könne auch das Auge betroffen sein, was zur Erblindung führen könne. Der Schreck saß tief! Sie hatte Glück im Unglück gehabt – nur die Wunde musste genäht werden und sie konnte gegen Morgen die Unfallambulanz wieder verlassen.

Schlimmer erging es ihr beim nächsten Arbeitsunfall, diesmal im ausgehenden Frühjahr. Am Tag zuvor hatte es gewittert und heftig geschüttet. Da riss es ihr auf einer langen Treppe plötzlich die Füße weg, sie konnte sich nicht mehr halten und stürzte in die Tiefe. Unten schlug sie mit dem Gesicht zuerst auf. Nur mühsam konnte sie sich wieder aufrappeln, weil auch das Becken total verdreht und das linke Bein verletzt war. Als sie endlich wieder auf den zitternden Beinen stand, schoss ihr das Blut in Strömen aus der Nase und sie bekam keine Luft mehr. Im Krankenhaus stellten sie dann fest, dass die Nase mehrfach gebrochen war, schienten sie und behielten sie nach einer Operation eine Nacht dort.

Nach der Rückkehr zur Arbeit dachte sie ab und zu bei einer schönen Morgenstimmung und dem überirdisch-schönen Gesang der Vögel an das Lied und die vergessenen Zeilen. Doch zuviel war aufzuarbeiten, ihr blieb keine Zeit, nach den vergessenen Zeilen zu suchen.

Eines Tages hatte sie wieder einmal Vertretung. Ausgerechnet samstags ging es los, wo immer besonders viel Arbeit war. Sie musste die Straßenbahnschienen mit dem vollgepackten Wagen überqueren. Da verkeilte sich der Wagen darin. Sie konnte ihn gerade noch rechtzeitig herausreißen und vor der anratternden Straßenbahn flüchten. Nach diesem Schockerlebnis begann sie schließlich, nach ihren vergessenen Kindheitserinnerungen zu fahnden und ihr Leben aufzuschreiben. Es war so viel, was sie erlebt hatte, in ihr schlummerte und zu neuem Leben erweckt werden wollte.

I. Frühe Kindheit

1. Erste Zeit

Ingeborg wurde 1963 in einer kleinen Stadt an der Donau geboren. An ihre früheste Kindheit hatte sie nur wenige bewusste Erinnerungen, alles stammte mehr oder minder aus den Erzählungen ihrer Mutter. Mutter und Tochter besuchten auch ab und zu den Stadtteil, in dem sie gewohnt haben bis Ingeborg zweieinhalb Jahre alt war. Aus Anlass dieser Spaziergänge hat ihre Mutter ihr Episoden aus ihrer frühesten Kindheit erzählt. Damals hatte noch ein echtes Klavier zum Haushalt gezählt, später war es dann ein elektrisches, weil das Klavier ungünstig stand in der kleinen Wohnung. Ihr Vater hat ab und zu gespielt, wenn es seine Zeit erlaubte. Besonders zu Weihnachten gab es Hausmusik. Vielleicht liebte sie deshalb Musik von Anfang an. Ihre Mutter hat ihr oft abends etwas vorgesungen. Da war Ingeborg selig. Sie hatte ihre Stimme heute noch im Ohr. Zu Anfang wusste sie noch alle Strophen und Ingeborg bettelte nach der ersten und zweiten um mehr. Es war so schön, von Mutters Stimme in den Schlaf gesungen zu werden!

Ihr Vater ist mit ihr abends nach Büroschluss oft spazieren gefahren, aber das war ihr oft zu lang. Es war auch schon empfindlich kühl geworden.

Zu der kleinen Wohnung gehörte auch ein kleiner Balkon.

1966 bekamen sie endlich eine größere Wohnung. Ihre Großmutter mütterlicherseits half noch viel beim Umzug. Die Dielen mussten gebohnert werden. Nachts knarrten sie dann beim Darüberlaufen. Daran konnte sich Ingeborg noch gut erinnern. In der Nacht, wenn alles schlief und einer auf die Toilette musste, fiel es ihr besonders auf. Manchmal, wenn sie abends nicht einschlafen konnte, schlich Ingeborg zur Tür und lauschte. nach draußen auf die Gespräche der Eltern. Doch manchmal war sie eine Sekunde unaufmerksam und die knarrenden Dielen verrieten sie. Im Bad gab es kein Waschbecken. Es wurde ein Brett über die Wanne gehängt, auf der Waschschüssel und Zahnputzbecher platziert wurden. Jeden Abend wurde mit dem Tauchsieder heißes Wasser zubereitet und in die Waschschüssel gefüllt. Ihr Vater besorgte früh dieses Geschäft bevor er zur Arbeit ging. Er stand um halb sechs auf, um sich fertigzumachen. Zu der Zeit durfte Ingeborg sich nicht außerhalb ihres Zimmers blicken lassen. Um kurz vor halb sieben verschwand er dann in der Küche zum Frühstücken. Er sah es nicht gern, wenn Ingeborg ihm früh in die Quere kam. Erst wenn er um dreiviertel sieben die Wohnung verließ, weckte er seine Frau, die sich dann im Bad fertigmachen ging. Wenn sie das Bad verließ, weckte sie Ingeborg, ging in die Küche und bereitete das Frühstück zu. Dann wurde hopplahopp gefrühstückt und dann ging es los zur Schule. Aber das ist noch ein Vorgriff – so weit sind wir noch gar nicht.

2. Erster Urlaub am Bodensee

Heidi, wir fahren in Urlaub! Ingeborg hatte ihren
Purzel fest gepackt. Er musste unbedingt mit! Es
ging an den Bodensee. Ingeborg war ganz aufgeregt.
Es war die erste Bahnfahrt ihres Lebens. Bad
Schachen war ihr Ziel. Sie fuhren mit dem Schiff
nach Lindau. Dort gab es einen tollen Spielplatz und
Ingeborg fuhr begeistert Karussell. Einmal ging es
mit dem Schiff ins Österreichische hinüber. Der
Purzel musste zum Fenster hinausschauen. Hei, wie
war doch eine Schifffahrt schön! An Mutters Hand
spazierte sie die Strandpromenade entlang. Ab und
zu machte sie ihr Vater auf vorbeischwimmende Enten, Schwäne und Wasserhühner aufmerksam. Es
gab so viel zu sehen und zu bestaunen. Das war eine
schöne Zeit am Bodensee. Doch bald schon waren
die Ferien zu Ende und sie mussten wieder nach
Hause zurückkehren, war die schöne gemeinsame
Zeit schon wieder vorbei!

3. Ein einschneidendes Ereignis

Bald nach dem Einzug in die neue Wohnung ist Ingeborgs Großmutter mütterlicherseits nach kurzer
Krankheit verstorben. Nach ihrem ersten Kranken-
hausaufenthalt ist sie noch einmal nach Hause entlassen worden und Ingeborgs Mutter hat ihr jeden
Mittag das Essen vorbeigebracht. Nach einigen Wochen kam sie wieder ins Krankenhaus, wo sie dann
schließlich gestorben ist. Ingeborgs Mutter war sehr
traurig. Ingeborg hörte sie oft spätabends in der Küche weinen, wenn sie an der Zimmertür lauschte.
Zur Beerdigung kamen die Verwandten angereist.
So lernte Ingeborg ihren Großvater mütterlicherseits und ihre Tanten und Onkel kennen. Das war

ein Trubel in der kleinen Wohnung. Nach ihrer Abreise breitete sich Stille aus im neuen Heim. Der Vater war bei der Arbeit und die Mutter ging still und bedrückt ihren Haushaltspflichten nach. Sonntags ging es nun oft auf den Friedhof. Der fröhliche, unbeschwerte Teil ihrer Kindheit war nun zu Ende. Ingeborg vermisste die Großmutter sehr und hatte Angst, ihre Mutter könne sie auch verlassen.

4. Keller- und Dachbodengeschichten

Jeden Morgen musste Ingeborgs Mutter die Kohleöfen richten: Im Wohnzimmer, wo er nur abends angeheizt wurde, wenn Ingeborgs Vater nach Hause kam, im Kinderzimmer und in der Küche. Oft stiefelte Ingeborg mit in den Keller hinunter mit einem Eimer bewaffnet. Sie trug meist den Kartoffeleimer, ihre Mutter den Kohleeimer. Auch musste der Behälter für die Briketts ab und an mit hinunter genommen werden. Ihre Mutter ging voraus, öffnete die schwere Tür zum Kellergeschoss und knipste das Licht an. Dann ging es zu ihrem Kellerraum, den ihre Mutter aufschloss. Während sie den Kohleeimer auffüllte durfte Ingeborg Kartoffeln aus der Hürde in den Eimer klauben. Anschließend wurden die Briketts in den Behälter geschlichtet und obenauf eine Handvoll Bündelholz gelegt. Dann ging es mehrmals in die Wohnung hinauf. Oft wurde auch noch ein Glas eingemachtes Kompott zum Nachtisch aus dem Regal genommen. Da musste Ingeborg oft unten im Keller warten, während ihre Mutter mit der ersten Fuhre nach oben ging. Sie fürchtete sich etwas allein im Keller, besonders abends, wenn das Hauslicht immer wieder ausging. Sie war froh, wenn sie wieder oben angelangt waren. Im Keller war auch ihr Dreirad undspäter ihr Roller untergebracht. Es gab einen Hinterausgang in den Innenhof, auf den Wohnzimmer- und Kinderzimmerfenster hinausgingen. Dort waren Gartenparzellen, die von den Mietern gepflegt wurden. Es gab auch einen Sandkasten, wo die Kinder spielen konnten. Liebend gerne kletterten sie auf den Teppichklopfstangen herum. Mit dem Roller ging es um das Haus herum. Später auch weiter bis zur großen Straße und den Gehweg vor den Häusern herum oder zum Kirchplatz der katholischen Kirche, deren Glocken- und Stundenschlag den Tag einteilte. Im Keller stand auch noch Ingeborgs Sportwagen in einer Reihe mit dem Leiterwagen und anderen Transportfahrzeugen im Durchgang zum Hinterausgang. Mit ihm fuhren sie oft in den Waschsalon. Dort mussten sie dann auf eine freie Maschine warten und dann darauf, dass die Wäsche fertig war. Dann ging es zurück nach Hause und wenn das Wetter schön war, wurden im Innenhof auf der Wiese Leinen gezogen und dort die Wäsche aufgehängt. Ingeborg reichte ihrer Mutter die Wäschestücke und Klammern zu. Wenn sie die Wäsche abends abnahmen, duftete sie herrlich frisch. Im Freien getrocknete Bettwäsche roch viel besser, als die auf dem Dachboden getrocknete. Wenn es regnete und im Winter mussten sie mit der Wäsche, den Klammern und der Leine bewaffnet viele Treppen hinauf-klettern. Dort oben wurden auch Leinen gespannt und die Wäsche zum Trocknen aufgehängt. Wenn sie trocken war, wurde sie dann wieder abgenommen und alles nach unten transportiert. Sie hatten auch eine durch Latten abgetrennte Dachbodenkammer, wo sie einen Schrank, Regale und Mutters Reisetruhe stehen hatten. Sie hatte eine Geschichte. Immer wieder erzählte ihre Mutter ihr Geschichten aus ihrem Leben. So erfuhr sie, dass sie angeschafft wurde, als sie zur Gehilfinnenprüfung fuhr und ihr eigenes Bettzeug mitbringen musste. So erinnerte sich Ingeborg immer daran, wenn sie der Truhe ansichtig wurde. Ingeborg liebte es, in den alten Sachen zu stöbern. Was da alles an längst vergessenen Schätzen auftauchte! Eifrig wurden sie von der Staubschicht befreit, unter der sie seit Jahr und Tag schlummerten. Manches wanderte wieder nach unten in die Wohnung, anderes wurde aus der Wohnung nach oben verbannt – vielleicht bis zu seiner Wiederentdeckung irgendwann in der Zukunft. Dort oben wurde auch der Christbaumschmuck verwahrt und alljährlich wieder heruntergeholt, um den Christbaum mit bunten Glaskugeln, silbernen Vögelchen, einem Glöckchen und der elektrischen Lichterkette und glitzerndem Lametta zu schmücken. Auch der Adventskalender, der alljährlich zur Adventszeit aufgestellt wurde, wurde im Weihnachtskarton aufbewahrt. Gespannt öffnete Ingeborg jeden Tag ein Türchen bis schließlich der Heiligabend herangenaht war. Doch Weihnachten – das ist ein anderes Kapitel dieser Geschichte!

5. Kindergartenzeit

Nach Ostern 1967 kam Ingeborg in den evangelischen Kindergarten. Er war nicht weit von der elterlichen Wohnung entfernt. Die erste Zeit verbrachten sie meist im Freien, sobald es warm genug war. Unter mächtigen Obstbäumen waren zwei große Sandkästen, in denen kräftig mit Sand gebaut werden konnte. Es gab ein paar Roller, aber Ingeborg bekam zu Anfang ihrer Kindergartenzeit nie einen. Am Vormittag gab es eine Vesperpause. Das Vesper mussten sie selbst mitbringen in einer Kindergartentasche, die sie zu ihrem Eintritt in den Kindergarten von ihren Eltern bekam. Es gab ein langes Becken

mit einem Wasserhahn an einem Ende. Darein ließen die Kindergärtnerinnen Wasser laufen, bevor mit dem Vespern begonnen wurde. Alle Kinder mussten sich anstellen und ihre Hände darin waschen. Für die letzten war es schon sandig und brackig von den Vorgängern. Die Kindergärtnerinnen reichten ihnen Handtücher zum Abtrocknen. Dann ging es zu den Bänken, die in einem nach vorne offenen, überdachten Schuppen aufgestellt waren. Die dazugehörigen Tische waren mit Tellern eingedeckt. Jedes Kind holte sein Vesperbrot heraus und wenn es hatte, einen Apfel. Eine Kindergärtnerin kam zu jedem Kind mit einem Apfel und schnitt ihn in lustige Formen – einen Pilz zum Beispiel. Da machte das Essen gleich viel mehr Spaß. Eines Tages wurden die Birnen und Äpfel auf den mächtigen alten Bäumen um die Sandkästen herum reif. Die Kinder setzten sich auf die Sandkastenumrandung und die Kindergärtnerinnen ernteten das begehrte Obst mit Keschern. Doch nur wenige bekamen etwas davon. Ingeborg ging immer leer aus.
Ein Junge war immer eher da. Als Ingeborg einmal zeitiger eintraf, war sie mit ihm allein draußen. Da zog er ein Brennglas aus der Tasche und hielt verschiedenes darunter, was brennbar war. Er erklärte ihr, er wolle etwas zum Brennen bringen. Stundenlang beschäftigte er sich mit seinem Brennglas. Ingeborg wurde seine Gesellschaft bald zu langweilig. Sie schaute lieber, dass sie einen der begehrten Roller ergatterte und kurvte durch den gepflasterten Teil der Außenanlage. Das bereitete ihr viel Vergnügen. Im Sommer gab es drei Wochen Ferien. Danach kehrten die Kinder in den Kindergarten zurück. Bald schon wurde es Herbst. Die Bäume schmückten sich mit buntem Herbstlaub, das die Sonne mit ihren noch warmen Strahlen golden aufleuchten ließ. Immer wieder spielte der Wind in den

Baumkronen, raubte das eine oder andere Blatt und ließ es zu Boden tanzen, wo die Blätter sich in wunderbar raschelndes Laub verwandelten. Es wurden immer mehr. Die Kinder machten sich einen Spaß daraus, sie aufzuwirbeln. Eines Morgens wehte ein kräftiger Herbstwind nach und nach die ganze Pracht zu Boden. Nur noch vereinzelt wippten einige Blätter an den schon kahlen Ästen, bis auch sie taumelnd zu Boden purzelten. Es war schon zu kühl, um draußen zu spielen. Innen wurden auf den Tischen verschiedene Spielmöglichkeiten aufgebaut. Es gab eine Holzeisenbahn mit Gleisen, die zusammengesteckt werden mussten. Ingeborg wollte auch damit spielen, aber sie war den Jungen vorbehalten. An einem anderen Tisch konnte mit Bausteinen gespielt werden. In einer Ecke waren Puppenstuben aufgebaut. Da lernte Ingeborg ein anderes Mädchen kennen. Es kam oft zu spät in den Kindergarten, weil ihre Eltern am Theater arbeiteten und sie abends mit ihrer Oma auf die Heimkehr ihrer Eltern wartete und mit ihnen dann am nächsten Morgen länger schlief. Sie putzte mit Begeisterung die Fenster der Puppenstuben und sang dazu ein Werbelied: „Meister Propper putzt so sauber, dass man sich darin spiegeln kann. Meister Propper!" Ingeborg war ab und zu bei ihr zu Hause zum Spielen. Sie wohnte in einem hohen alten Haus an der großen Straße. Es ging hohe Treppen hinauf. Auch in der Wohnung gab es eine Treppe. Im Türrahmen zum Schlafzimmer war eine Schaukel aufgehängt. Die Wohnung war so groß, dass sie Dreirad fahren konnte im Flur. Das erinnerte Ingeborg an Mutters Erzählungen von der hochherrschaftlichen Wohnung, in der sie mit ihrer Mutter und ihren Großeltern in ihrer Kindheit gewohnt hatte. Ingeborg staunte, als sie das Kinderzimmer zum ersten Mal betrat. Dort war ein richtiger Kaufladen mit Registrierkasse aufgebaut, mit dem sie spielten. Ingeborg hatte nur eine kleine Spielzeugkasse zu Hause. Ihre Freundin zog mit ihrem Bettzeug durch die Wohnung und schlief dort, wo sie gerade Lust hatte. Ihr Lieblingsplatz war auf einem schmalen Absatz zwischen Wand und Treppengeländer neben der Treppe, die nach unten führte. Sie wollte immer, dass Ingeborg bei ihr übernachtete, damit sie sich mit ihr spielend die Zeit vertreiben könnte, bis ihre Eltern vom Theater heimkämen. Aber Ingeborgs Eltern erlaubten es nicht. So ging irgendwann diese erste Freundschaft in die Brüche, da das Theaterkind immer seltener, wenn überhaupt oft kurz vor Schluss erst im Kindergarten erschien.

Vor Weihnachten und vor Muttertag wurde viel gebastelt. Ein Marmeladenglas wurde bemalt und war somit als Vase verwendbar. Stoffreste wurden zu Blumenbildern zusammengeklebt. Zum Abschluss wurde ein Untersetzer aus Bast angefertigt.

Noch zu Anfang ihrer Kindergartenzeit wurden ein paar Lieder einstudiert. Eines Tages gingen sie die Treppe hinauf zur Wohnung des Pfarrers und brachten ihm ein Ständchen zum Geburtstag.

Von Zeit zu Zeit kam ein Lehrer in den Kindergarten und sie bekamen etwas Englisch- und Sportunterricht. In Englisch glänzte Ingeborg jedes Mal und gehörte zu seinen Vorzugsschülern. Das machte ihr besonders Spaß. Wenn keine Jungs da waren hatte sie sich auch die Eisenbahn erobert. Ab und zu wurden Legoteile ausgegeben und die Kinder konnten sich ans Zusammenbauen machen. Ingeborg hatte zu Hause eine Platte, auf die sie Verschiedenes aufstecken konnte. Später bekam sie Legobausteine für eine Eisenbahn geschenkt, die sie in unermüdlicher Kleinarbeit zusammenbaute. Sie besaß auch eine Holzeisenbahn, die sie zum Leidwesen der Nachbarn über den Dielenfußboden zog. Aus getrockneten Kastanien, die sie eifrig im Herbst gesammelt hatte, baute sie Gleiswege. Ihre Mutter zeigte ihr, wie man Figuren daraus mit Streichhölzern zusammenstecken konnte. So ging die Kindergartenzeit dahin mit Spielen, Basteln, Geschichtenhören und Singen. Ingeborg wollte auch, wie ihre Freundinnen, mit sechs zur Schule gehen und war bitter enttäuscht, als sie nicht genommen wurde, weil sie ein paar Tage vor dem Stichtag geboren war. Das letzte Jahr im Kindergarten langweilte sie sich oft. Nur die Turngeräte im Garten lockten sie noch bis sie eines Tages beim Vorwärtsrollen an der Stange mit den Händen den Halt verlor und mit dem Kopf auf die Steinchen, mit denen der Boden bedeckt war, stürzte und sie nach dem Aufstehen benommen herumwanderte. Fortan waren die Turnstangen für sie tabu. Sie war froh, wie schließlich die Abschlussfeier heranrückte, da sie im Herbst endlich in die Schule einrücken durfte. Es wurde noch ein schöner, sonnendurchfluteter Nachmittag im Garten des Kindergartens und dann kamen die Ferien, bevor die Schule im Herbst losging.

6. Reisen zu Verwandten und Bekannten in ihrer Kindheit und frühen Schulzeit

Einmal fuhren Ingeborg und ihre Mutter zu Ingeborgs Großvater. Das war eine lange Zugfahrt und der Zug war rappelvoll. Sie konnten keinen Sitzplatz mehr ergattern und mussten mit dem Koffer als unbequemem Sitz vorliebnehmen. Die Fahrt dauerte den ganzen Tag. Schließlich wurde es Abend. Inzwischen waren sie vom D-Zug in einen Nahverkehrszug umgestiegen. Es wurde schon finster. Sie wussten nicht genau, wann es Zeit war zum Aussteigen. Lauter kleine Stationen kamen mit ähnlich klingenden Namen. Die Stationsschilder waren kaum noch auszumachen im diffusen Dämmerlicht auf den Bahnsteigen. Da – das musste es sein! Da löste sich auch schon die vertraute Gestalt des Großvaters von einer Säule und trat ins Licht einer Laterne. Die Mutter winkte ihm und er eilte herbei, um ihnen mit dem schweren Koffer zu helfen. Die Mutter nahm das Handgepäck und stieg aus. Dann stellte sie die Tasche ab und half Ingeborg, die ihr hinterher aus dem Zug kletterte. Der Großvater begrüßte sie und so wanderten sie mit dem Gepäck beladen zu seinem kleinen Auto. Als der Großvater die Autotür öffnete, sprang ein mittelgroßer, struppiger Hund heraus. Ingeborg war hellauf begeistert. Nach anfänglichem, neugierigem Beschnuppern ließ er sich von ihr streicheln und leckte ihr die Hand. „Pfui, Struppi!“, ermahnte ihn der Großvater streng. Ingeborg kraulte ihn hinter den Ohren. Fortan waren die beiden unzertrennliche Freunde. Sie verbrachte fast jede freie Minute, die sie im Haus oder Garten weilte, mit ihrem neuen Freund. Nur seinen Knochen verteidigte er knurrend auch vor ihr. Einmal fuhr der Großvater mit ihr und Struppi zum Einkaufen ins Ortszentrum. Als sie ausstiegen, merkte Ingeborg, dass die Leine zu locker saß. Mehrmals versuchte Struppi, aus dem Geschirr auszusteigen und immer wieder unternahm sie einen Versuch, ihren Großvater darauf aufmerksam zu machen – vergeblich. Er war so beschäftigt, sich mit Bekannten zu unterhalten, die er traf. Schließlich hieß er sie mit Struppi, vor einem Laden zu warten und ging hinein. Struppi schnupperte herum und plötzlich erspähte er eine Katze. Mit einem Satz war er aus der Leine gesprungen und jagte ihr quer über die Straße nach. In dem Moment trat der Großvater mit Einkäufen beladen auf die Straße und erfasste sofort die Situation. Er stellte die Tüten ab und hetzte unter einem: „du bleibst hier und rührst dich nicht von der Stelle!" dem Hund hinterher. Nach einer Weile hatte er ihn wieder eingefangen und kehrte mit dem zappelnden Struppi auf dem Arm zurück. Er schimpfte fürchterlich mit Ingeborg und ließ sie nichts zu ihrer Verteidigung hervorbringen. . Zurückgekehrt erzählte sie alles ihrer Mutter. Der Großvater verschwand spornstreichs in der Küche und ward stundenlang nicht mehr gesehen. Man hörte nur das Poltern von Töpfen bis auf den Gang hinaus. Wehe, es steckte jemand seinen Kopf durch die Tür! Er kochte alles vor, auch Pansen für Struppi. Als er endlich aus der dampfenden Küche trat, durften sie mit in den Keller und ihm hinuntertragen helfen, wo er die Kühltruhe bestückte. Dann gab es, so spät wie es war, ein warmes Abendessen. Danach musste Ingeborg gleich zu Bett gehen. Ihr war fürchterlich schlecht. Es war stockdunkel im Zimmer. Sie traute sich nicht hinaus. Unten war Jubel, Trubel, Heiterkeit und keiner hörte ihr Rufen. Da wurde ihr auf einmal schrecklich übel und das ganze Abendessen trat den Rückmarsch an. Sie konnte sich gerade noch über die Bettkante beugen, dann war die Bescherung schon passiert. Sie bemerkte gar nicht, dass die Tür sich geöffnet hatte und die Erwachsenen im beleuchteten Türrahmen standen und fassungslos auf die Bescherung starrten. Ihre Mutter ließ sich Putzzeug geben, säuberte erst einmal alles und kümmerte sich um Ingeborg. Der Großvater grollte ihr noch lange. Er lebte in einer Neubausiedlung außerhalb des Ortes in einem Einfamilienhaus mit einem großen Garten darum herum. Hinter dem Haus hielt er Bienen. Da sah sie ihren Großvater eines Tages mit einem Netz vor dem Gesicht bei seinen Bienen in der Hütte verschwinden und den Honig aus den Waben schleudern. Neugierig ging Ingeborg näher heran. Der

Großvater war so beschäftigt, dass er sie gar nicht bemerkte. Das Vorhängeschloss hing offen an der Tür und der Schlüssel steckte. Kurzerhand drückte sie das Schloss zu, drehte den Schlüssel um und kehrte in den vorderen Teil des Gartens zurück. Struppi lief ihr jappend entgegen und wollte mit ihr spielen. Er beschäftigte sie dermaßen, dass sie nicht dazu kam, zu ihrer Mutter beichten zu gehen, was sie getan hatte. Irgendwann hörten die anderen Hausbewohner das Rufen des Großvaters und befreiten ihn. Der Großvater war so stinksauer auf Ingeborg, so dass sie ihm fortan aus dem Weg ging, wo es nur möglich war. Nun wagte sie sich auch auf die kleine Straße hinaus und schloss Freundschaft mit dem Nachbarsjungen. Zwischen den Gärten hindurch liefen sie sogar bis ins Ortszentrum. Einmal wollte er zum Fluss hinunter. Ingeborg zögerte, weil der Großvater es strengstens verboten hatte. Schließlich ließ sie sich doch überreden. Da tauchte plötzlich der Großvater im Wäldchen auf und zog sie tobend mit nach Hause. Fortan war ihr der Kontakt zu dem Nachbarsjungen strengstens untersagt. Zwei Mal war sie mit ihrer Mutter beim Großvater zu Besuch. Von dort aus fuhren sie einmal für zwei/drei Tage zu einer Tante, die dort in der Nähe mit ihrem Mann wohnte. Sie hatte jede Menge Beerensträucher im großen Garten und sie durften beim Pflücken helfen. Ingeborg hatte noch nicht gelernt, Brot mit Messer und Gabel zu essen. Sie beobachtete die Erwachsenen und machte es ihnen nach. DasMesser rutschte an der reschen Rinde ab und flopp, da war das Brotstückchen auf der Anrichte gelandet. Sie lief puterrot an und senkte beschämt den Blick. Das Brot war aber auch arg hart gewesen! Da war das Malheur wohl nicht so gravierend. Doch ihre Tante war pikiert. Dabei hatte sie sich so redliche Mühe gegeben, alles den Erwachsenen abzuschauen und richtig zu machen! Sonst war sie doch auch nicht so ungeschickt!

Am nächsten Tag durfte sie zusehen, wie der Onkel mit seinem Vater die Terrasse befestigte. Bei der Gelegenheit lernte sie den Umgang mit einer Wasserwaage.

Als sie zum Großvater zurückkehrten war ihr Onkel da, Großvaters Sohn aus zweiter Ehe. Er nahm Ingeborg mit in sein Zimmer, wo eine Gitarre an der Wand hing. Als er ihren faszinierten Blick sah, nahm er das Instrument von der Wand und begann zu spielen. Von da an wollte sie immer Gitarre spielen lernen. Doch es sollte noch viel Zeit vergehen, bis sie sich diesen Wunsch erfüllen konnte. Bald musste sie sich wieder von ihm verabschieden. Er arbeitete auf einer Ölbohrinsel vor der Küste und hatte nur ein paar Tage frei gehabt. Sie waren über seine Schwester noch einige Jahre in Kontakt mit ihm. Dann hörten sie nichts mehr von ihm.

Während seines Urlaubs waren sie auch einmal auf Besuch bei ihm zu Hause. Er hatte ein Haus mit Garten darum herum, eine Frau und eine kleine Tochter. Die allerdings war eine eingebildete Kratzbürste. Später erfuhren sie, dass er in Scheidung lebte.

Ab und zu tauchte auch seine Schwester während ihres Aufenthaltes beim Großvater auf. Ingeborgs Mutter und sie schrieben sich bis zum Tod der Schwester.

Das waren die Besuche beim Großvater.

Einmal fuhren sie zu einem Bekannten ihres Vaters. Er wohnte in einer Neubausiedlung außerhalb des Ortes. Es war ein Bungalow, umgeben von einem großen Garten mit Seerosenteich und einer Hauskatze. Sie bekamen ein großes Zimmer im Anbau zugewiesen. Als sie morgens erwachten und die Tür des Zimmers öffneten, erwartete sie schon die Katze und schwupps war sie in einem der Betten verschwunden. Ingeborg gewann die Katze sehr lieb. Auch der Garten gefiel ihr sehr. Ein paar Mal waren sie im Ortszentrum. Es war eine relativ weite Strecke zu Fuß zu laufen. Zwei Mal wurde eine Wanderung bis in den nächsten Ort, einen Kurort, unternommen. Dort logierte nämlich die Großmutter, die Mutter des Vaters, zu dieser Zeit. Sie weilte dort zur Kur. Überall im Ort gab es Trinkbrunnen mit schwefelhaltigem Wasser.Sie kosteten auch davon. Es war ein sehr heißer Sommer, der Weg führte über weite Felder und die Sonne sengte herab. Da gab es einen überdachten Raum aus Holz mit einer Wasseranlage. Das war Ingeborgs Lieblingsplatz, weil es dort drinnen angenehm kühl war. Abends ging es dann denselben Weg wieder zurück. Da wurde es schon kühler, doch die Strecke erschien Ingeborg trotzdem noch unerträglich lang und sie war jedes Mal froh, wenn sie wieder in ihrem Ferienheim angekommen waren. Sie schlief dann gleich erschöpft tief, fest und traumlos bis spät in den nächsten Morgen hinein, wo die Katze sie wieder erwartete. Es waren erlebnisreiche Ferien. Der Abschied von der liebgewordenen Katze wurde ihr sehr schwer, doch einmal gingen jede Ferien zu Ende und sie mussten wieder nach Hause zurückkehren in die beengte Wohnung ohne Balkon und nur mit Hinterhof, wo die Sonne nur selten schien und ihre Strahlen nur zu den Fenstern oben gelangte. Doch die Vögel erwarteten sie schon. Sie kamen aufs Fensterbrett um Rosinen betteln. Ab und zu verirrte sich einer ins Zimmer, wenn im Sommer das Fenster offen stand. Die Mutter hatte ihre liebe Not, das verängstigte Vöglein wieder zum Fenster hinaus zu dirigieren. Neben den Fenstern waren außen Blumentöpfe in einem Drahtgestell untergebracht, das am Fensterrahmen befestigt war. Dort blühte es immer schön. Auch auf dem Fensterbrett im Wohnzimmer standen Blumen. Ingeborgs Vater war Pflanzenkenner und Blumenliebhaber. Ein paar Wochen nach ihrer Rückkehr von der Reise zu dem Bekannten, dessen Haus sie in seiner Urlaubsabwesenheit gehütet hatten, flatterte ihnen eine schlimme Nachricht vermittels eines Briefes ins Haus: Jenseits der Hecke hinten im Garten verlief eine stark befahrene Straße. Dort war die Katze angefahren worden und im Straßengraben ihren schweren Verletzungen erlegen. Ingeborg war untröstlich darüber. Sie war ihr doch so ans Herz gewachsen während ihres fröhlichen Sommeraufenthaltes dort. In der beengten Wohnung konnten sie keine Haustiere halten so war es ihre erste enge Erfahrung mit einer Katze als Hausmitbewohner gewesen. Sie dachte fortan mit einem wehmütigen Beigeschmack an diese Reise zurück.

Einmal waren sie, nur Ingeborg und ihre Mutter, bei einem Onkel in einer schönen kleinen Stadt. Er wohnte außerhalb mit seiner Frau. Es gab einen Aufzug und einen Müllschlucker in dem Haus. Einmal wollten sie gerade mit dem Aufzug nach unten fahren. Aber er kam nicht. So gingen sie zu Fuß. Im nächsten Stock angelangt hörten sie, als sie die geschlossene Aufzugtür passierten, ein Klopfen. Dumpf drang eine Stimme aus dem Aufzugschacht. Einige Nachbarn liefen zusammen und debattierten. Der Aufzug war wieder einmal stecken geblieben. Endlich erbarmte sich ein Nachbar und rief die Notrufnummer an. Die dumpfe Stimme im Aufzug klang schon ganz verzweifelt. Ingeborgs Onkel drängte zum Aufbruch und sie eilten die Treppe hinunter und starteten zu ihrer Unternehmung. Als sie wiederkamen holte ihr Onkel den Aufzug, der auch binnen kurzem kam. Aber Ingeborg traute dem

Frieden nicht und stürmte zur Treppe, die Mutter mit sich ziehend. Wer wusste denn, ob er nicht gerade wieder streiken würde, wenn sie darin gefangen wären. Da zog sie es vor, zu laufen! Der Onkel hielt die Aufzugtür offen und rief, sie sollten doch endlich einsteigen. Aber Ingeborg war nicht zur Rückkehr zu bewegen. Sie stieg tapfer die vielen Treppen hinauf. Ihre Mutter folgte der Aufforderung des Onkels und verschwand im Aufzug, dessen Tür sich schloss. Ingeborg raste die Treppen hinauf und wartete mit klopfendem Herzen auf den Aufzug. Erleichtert hörte sie ihn ankommen und sah, wie die Tür sich öffnete.

Der Onkel und seine Frau kamen auch Ingeborgs Familie besuchen und sie haben sie alle drei in ein kleines Städtchen an der Quelle eines Flüsschens mitgenommen, wo sie miteinander spazieren gegangen sind. Ingeborg liebte solche Ausflüge und mochte es, wenn sie verreisten.

Einmal waren sie mit ihrer Mutter bei ihrer Patentante, die in einem kleinen Örtchen zusammen mit ihrem Lebensgefährten in einem großen Haus mit Garten drumherum wohnte. Der Garten gefiel Ingeborg sehr. Eines Tages kamen die Kinder des Hausherrn zu Besuch. Da war Jubel, Trubel, Heiterkeit. Abends wurde lange im Garten gefestet. Unter Tags wurde Pingpong gespielt und überall standen sich unterhaltende Grüppchen. Sie hatten auch noch einige Freunde mitgebracht. Es wurde gegrillt. Irgendwann musste Ingeborg ins Bett. Da sie noch nicht schlafen konnte, ging sie ans Fenster, schaute hinaus auf die Straße und lauschte auf den Festlärm hinter dem Haus. Als es ruhiger wurde, schlüpfte sie zurück ins Bett und das war keine Sekunde zu früh! Schon öffnete sich leise die Zimmertür und ihre Mutter schlich herein und begab sich ebenfalls zu

Bett. Durch den ungewohnten Trubel aufgekratzt, konnte Ingeborg nicht einschlafen. Vom Bett ihrer Mutter drangen bald Schlafgeräusche herüber. Da schlüpfte Ingeborg aus den Federn und schlich auf Zehenspitzen zum Fenster, um auf die nächtliche Straße hinauszublicken. Der Vollmond zog seine Bahn und warf sein silbriges Licht in den Vorgarten mit den hohen Tannen, die wie mahnende Wächter im Dunklen standen. Der Himmel war hell erleuchtet vom Mondlicht. Ab und zu blinkten ein paar Sterne. Aus weiter Ferne drangen Geräusche herüber. Ein einsames Motorrad fuhr vorbei. Irgendwo maunzte eine einsame Katze den Mond an. Strich da nicht die Hauskatze um die dunklen Umrisse der Büsche im Vorgarten? Irgendwo schrie ein einsamer Vogel. Dann wehte nur noch leise der Nachtwind durch die Zweige der uralten Bäume und nichts regte sich mehr.

Als die ganze Gesellschaft wieder abgereist war und das Haus verwaist war, lernte Ingeborg einen Nachbarsjungen kennen, der in einem Wohnblock auf dem Nachbargrundstück wohnte. Sie freundeten sich an und er durfte schließlich auch den Garten betreten und dort mit Ingeborg spielen. Sie fertigten sich Bögen an, spitzten Pfeile zurecht und übten sich im Bogenschießen. Da flog ein Pfeil Ingeborgs versehentlich aufs Dach des Hauses. Es gab eine Feuerleiter und, obwohl der Hausherr es ausdrücklich verboten hatte, kletterte der Junge trotz Ingeborgs Protesten die Feuerleiter hinauf, um den verschossenen Pfeil zu holen. Da stand plötzlich der Hausherr wie aus dem Boden gewachsen vor Ingeborg, die verzweifelt versuchte, seinen Blick auf die Feuerleiter zu verstellen, um ihren Freund zu decken und den Hausherrn von der Feuerleiter abzulenken. Dieses Manöver war leider nicht von Erfolg gekrönt und ihr neuer Freund wurde des Grundstücks verwiesen. Fortan musste sie allein spielen, denn sie durfte das Grundstück nicht verlassen, um ihn außerhalb zu treffen.

Einmal fuhr der Hausherr mit dem Auto mit ihr in die Kreisstadt und ging mit ihr in ein Bekleidungsgeschäft. Sie durfte einen Hosenanzug, den sie sich so sehnlich wünschte, anprobieren. Da er schon recht knapp saß und sie bald herausgewachsen sein würde, ließ er sich von der Verkäuferin beraten und so bekam sie noch eine hübsche Hose und eine dazu passende Strickjacke von ihm geschenkt. Die Hosen und die Ärmel mussten noch gekürzt werden. Nach dem Abstecken fuhren sie zurück. Ein paar Tage später fuhr sie mit ihrer Mutter von der kleinen Bahnstation des Ortes mit dem Zug in die Stadt, um die Sachen abzuholen. Zum Abschied spendierte der Lebensgefährte ihrer Patentante Ingeborg noch einen tollen Ball. Am Abfahrtstag begleitete sie ihre Tante zum Hauptbahnhof. Dort durfte sich Ingeborg im Buchladen ein Buch aussuchen, das sie als Abschiedsgeschenk erhielt. Die Auswahl war sehr groß. Da fiel ihr ein Buch besonders ins Auge: Ein Indianerjunge, Sohn eines Häuptlings und einer weißen Frau erzählte seine Lebensgeschichte. Kaum zu Hause angelangt verschlang sie das Buch, so spannend und interessant war es geschrieben. Es bekam einen Ehrenplatz in ihrem Bücherregal und sie zog es immer wieder heraus, um darin zu lesen. Ein anderes Schicksal ereilte den Ball: Als sie zu Hause in einer Grünanlage an einem Flüsschen mit ihrem Vater damit spielte, landete er mit einem Platsch im Wasser. Sie versuchte vergeblich, ihn mittels eines Stockes wieder herauszubefördern. Bei den verzweifelten Rettungsversuchen geriet er schließlich in die Strömung und trieb flussabwärts. Unter einer Brücke versuchte ihr Freund noch, ihn herauszufischen, wofür er waghalsig auf das Einfriedungsmäuerchen

kletterte und ins Wasser hinunter nach dem Ausrei-
ßer angelte. Leider blieb auch dieser Rettungsver-
such vergeblich.

Dieser Freund hatte ihr immer, wenn sie in dieser
Grünanlage am Flüsschen spazieren waren, sein
Fahrrad geliehen. So hatte sie von Anfang an ohne
Stützräder Fahrrad fahren gelernt. Sie selbst besaß
kein eigenes Fahrrad und bekam auch keines, weil
sie zwischen zwei großen, gefährlichen Straßen
wohnten und es ihren Eltern zu gefährlich erschien.
Erst als Ingeborg achtzehn Jahre alt geworden war
und sie in einen Vorort zogen, kaufte sich Ingeborg
ein eigenes Fahrrad von ihrem ersparten Taschen-
geld.

Nach der Lektüre der Lebenserinnerungen des Indi-
anerjungen begann sich Ingeborg sehr für die Urein-
wohner Amerikas zu interessieren und las viele Bücher über große Häuptlinge aus der Leihbücherei.
Es gab auch eine Comicserie, die sie beim Friseur
kennenlernte, wenn sie auf ihre Mutter wartete, die
dort ab und zu eine längere Sitzung hatte. Dann und
wann durfte sie sich selbst ein Heft im Schreibwarengeschäft ein paar Straßen weiter kaufen. Es ging
zur großen Straße vor, wo die Straßenbahn in die
Stadt hineinfuhr. Diese ging es dann entlang. Eines
Tages, als sie gerade auf dem Weg dorthin war,
wurde es grün und sie begann die kleine Straße zu
überqueren nachdem sie geschaut hatte, dass kein
Einbieger kam. Als sie etwa in der Mitte der Straße
angelangt war, stoppte plötzlich ein Auto mit krei-
schenden Bremsen knapp neben ihr. Der Schreck
fuhr ihr in die Glieder. Das war aber knapp! Sie
konnte sich nicht erklären, wo das Auto so schnell
hergekommen war. Bevor sie losgegangen war hatte
sie sich doch vergewissert, das keines da war! Nachdem sich die Schreckstarre gelöst hatte lief sie
schnell zum Bürgersteig. Geschafft! Sie war drüben!

Sie beschloss, fortan lieber die kleine Straße zu nehmen, die sie auf dem Rückweg zum Kindergarten immer nahm und diese Straße ohne Ampel zu überqueren, um der gefährlichen Kreuzung mit den drohenden Einbiegern zu entgehen! So setzte sie entschlossen ihren Weg fort an Konsum und Bäcker vorbei zum Schreibwarengeschäft. Sie erklomm die steilen Stufen, öffnete die Tür, trat ein und strebte auf die ausgelegten Comichefte zu. Da gab es auch die Modellautos, die sie so faszinierten. Ab und zu bekam sie von ihrer Mutter eines geschenkt, wenn sie in deren Begleitung dort war. Auch gab es Tierfiguren, mit denen sie Zoo oder Zirkus spielen konnte. Dann kamen auch die Comicfiguren dazu. Im Friseurladen gab es auch ein Comicheft, wo sie zum ersten Mal Spanisches las. Von da an wollte sie diese Sprache erlernen.

Gegenüber dem Friseurladen befand sich ein Lottogeschäft, wo ihre Mutter ab und zu Lotto spielte. Dort holte sie immer für ein älteres Ehepaar die Bildzeitung. Dabei stürzte sie einmal schwer auf einer zugefrorenen Pfütze. Erst konnte sie gar nicht aufstehen. Eine Frau eilte ihr zu Hilfe. Beim Röntgen wurde festgestellt, dass sie sich einen Wirbel angeknackst hatte und ein halbes Jahr lang bekam sie Spritzen vom Hausarzt. Sie waren zur Kirchentagsfahrt mit der Gemeinde angemeldet und es wurde und wurde nicht besser. Da musste Ingeborg das Setzen von Quaddelspritzen erlernen, damit sie mitfahren konnten. Sie übernachteten bei Verwandten in einem Vorort. Das Gästezimmer befand sich im Dachstock des Hauses und zu Anfang musste sich Ingeborgs Mutter noch an den Händen die steile Treppe hinaufziehen. Dann waren die Schmerzen und Beschwerden auf einmal wie weggeblasen. Das war ihr zweiter Besuch bei Onkel und Tanten dort. Ihr Onkel war Stadtführer in der nahegelegenen

alten, geschichtsträchtigen Stadt und nahm Ingeborg und ihre Eltern einmal mit auf eine seiner Führungen. So erfuhren sie viel Wissenswertes über die Geschichte und sahen viele der Sehenswürdigkeiten. Ingeborg hatte sich vorher mit Dürer beschäftigt und so war es ein Erlebnis für sie, ins Dürer-Museum zu gehen mit ihren Eltern. Ihre Mutter zeigte ihr auch den Geflügelzuchtausbildungsbetrieb, in dem sie gelernt hatte. Dort trafen sie auch noch einige Bekannte. Da lebten die Erzählungen ihrer Mutter wieder auf, die sie ihre ganze Kindheit begleitet haben. Es war auch ein neues, beeindruckendes Erlebnis bei dieser zweiten Reise dorthin, an Veranstaltungen des Kirchentages teilzunehmen. Ihr Onkel war Stadtführer geworden, weil er gut Englisch sprach. Er hatte Abitur, hatte schon in der Schule Englisch gelernt und hatte nach dem Krieg bei den Amerikanern gearbeitet. Am Abfahrtstag begleitete er sie noch zum kleinen Bahnhof, der etwas außerhalb der Ortschaft lag. Da spürte Ingeborg mit einem Mal, dass es ihre
letzte Begegnung mit dem Onkel war. Sie hat sich immer gern an die Begegnungen mit ihm erinnert. Abends hatten sie im Garten gegrillt. Das Haus lag am Wald, in dem sie auch spazieren gingen. Da fielen Ingeborg noch einige Tagebucheintragungen in die Hände:

Ferien 1975
Wir besuchten meinen Onkel und meine Tanten in einem kleinen Ort nahe Nürnberg. Es ist ein richtiges Dorf. Rundherum ist viel Wald. Dort im Wald spielten wir Federball in der Abenddämmerung. Das war sehr schön. Morgens nach dem Frühstück ging ich mit meinem Vater im Wald spazieren. Einmal gingen wir mit meinem Onkel zum Friedhof durch den Wald. Vor dem Frühstück marschierten wir

einmal zur „Ludwigshöhe" hinauf, aber wir konnten nicht hinunterschauen.

Am nächsten Tag fuhren wir mit meinem Onkel nach Nürnberg und nahmen an einer Stadtrundfahrt teil. Es ging zur Burg und zum Dürerhaus hinauf. Anschließend gingen wir mit meinem Onkel essen. Dann mußte mein Onkel zurück und die nächste Stadtrundfahrt durchführen. Er verdiente sich als Stadtführer ein Zubrot. Zum Schluß hielt der Bus auf dem Marktplatz vor der großen Kirche. Es war zwölf Uhr. Auf der Turmuhr drehten sich die sieben Ratgeber um Karl den IV. Nachmittags dann besichtigten wir das Dürerhaus. Danach gingen wir etwas trinken. Dann besuchten wir den Handwerkermarkt und erstanden echte Nürnberger Lebkuchen.

Einmal fuhren wir mit den Verwandten zu einem Schwimmbad. Anschließend besichtigten wir eine Tropfsteinhöhle. Dort sahen wir ein Vogelnest, reitende Pferde mit Reiter und eine ausgewaschene Schüssel. Außerdem befanden sich in einer angrenzenden Höhle die Knochen von einem alten Höhlenbären. Wieder im Tageslicht angekommen gingen wir zu einem Loch, wo einst eine Frau hineingefallen war. Sie schrie. Viele Männer brachten sie heraus. Das war der erste Zugang zur Höhle.

Wir verlebten dort viele schöne Tage.

Das waren die ersten Reisen ihrer Kindheit.

7. Flick- und Nähstunde

Jede Woche einmal wurde der große, hölzerne Nähkasten aus dem Schrank geholt, auf den Küchentisch gestellt, geöffnet und alles, was kaputt war in der wöchentlichen Wäsche, geflickt und repariert. Da wurden Löcher in Socken gestopft, abgegangene Knöpfe wieder angenäht, verlorene durch neue ersetzt, Knopflöcher geschnitten und eingefasst oder Schlaufen hergestellt, wo keine Knopflöcher möglich waren. Ingeborg war oft dabei und half ihrer Mutter bei den Arbeiten und lernte von Mal zu Mal mehr. Auch Druckknöpfe wurden angenäht. Bald übernahm sie schon viele Arbeiten selbständig. Bei diesen Gelegenheiten erzählte ihr ihre Mutter von ihrer Nähschulzeit nach dem Abschluss der Volksschule und was sie dort alles gelernt hatte. Sie haben auch einen Gürtel hergestellt, an dem sie verschiedene Sticharten erlernt haben. Der Gürtel war noch da und sie konnte ihn ihrer Tochter auch zeigen. Einmal haben sie Deckchen gehäkelt. Das Deckchen von Ingeborgs Mutter wurde fotografiert und das Foto zeigte ihr ihre Mutter im Fotoalbum. Immer, wenn das Garn zu Ende gegangen war, blieb ein runder „Taler" übrig. Da hörte Ingeborg: „Taler, Taler du musst wandern, von einem Ort zum andern!" An diese Stunden hat sie sich in späteren Jahren oft erinnert.

Später lernte sie dann auch vieles in der Schule und erweiterte so ihr Handarbeitswissen. Sie fertigte ein Nadelkissen an und erlernte dabei verschiedene Stickstiche. Später bestickte sie dann eine Tischdecke nach dem Muster, das beigefügt war. Als Erwachsene dann stickte sie Rosen und andere Motive. In der Schule nähten sie in den höheren Klassen dann ein Bauernhemd und einen Rock. Da besorgte sie zusammen mit ihrer Mutter, nachdem sie gelernt hatte mit Schnittmustern umzugehen, ein Schnittmuster für eine Bluse und fertigte fortan Blusen für ihre Mutter und sich an. Später kamen dann noch Hosen dazu.

Nach der Vorlage ihrer Großmutter väterlicherseits häkelte sie Topfhandschuhe als begehrte Geschenke und zwar paarweise farblich zusammenpassend. Noch im letzten Jahr im Kindergarten häkelten sie einen einfachen Topflappen. Ihr Vater hatte selbst gestrickte Socken an, die seine Mutter ihm gestrickt hatte. Auch das wollte Ingeborg erlernen. Nicht von der Großmutter, sondern von einer Nachbarin wurde sie darin unterwiesen, nachdem ihre Mutter mit ihr gesprochen hatte. Fortan strickte sie Wollsocken für die ganze Familie. Von ihr lernte sie auch zu eng gewordene Hosen weiterzumachen. Ihre Mutter zeigte ihr im Schneidersitz zu sitzen. Sie las Geschichten, in denen dieses Handwerk vorkam und spielte auch andere Berufe. In der Schule nähten und bestickten sie einen Handarbeitsbeutel in den sie oben eine Kordel, deren Herstellung sie erlernten, einpassten, um ihn zu schließen. So drehte sie Kordeln je nach Bedarf zusammen mit ihrer Mutter.

Einmal bekam sie einen Handarbeitskasten zum Geburtstag geschenkt und hatte nun ihr eigenes Nähwerkzeug und Nähgarn zur Verfügung. Auch bekam sie Strick- und Häkelnadeln, die sie in dem Handarbeitsbeutel aufbewahrte.

Das Stricken von Fausthandschuhen erlernte sie in der Schule. Da ging sie daran, Fingerhandschuhe herzustellen. Auch Schals, Pullover und Strickjacken entstanden in ihrer Handarbeitswerkstatt. Von ihrer Tante bekam sie ein dickes Handarbeitsbuch mit vielen Anregungen und verschiedenen Strick- und Häkelmustern geschenkt. Auch für ihre Puppen stellte sie Kleidung und Schals her. Ihre Mutter zeigte ihr, wie sie Puppen- und Teddybärenschuhe häkeln und mit Häkelgarn Schnürsenkel herstellen-konnte. Auch lernte sie von ihrer Mutter Pappteile für ein Häuschen zuzuschneiden, zu bemalen und anschließend zusammenzunähen. All das waren beliebte Winterbeschäftigungen und nach und nach übernahm Ingeborg den Flick- und Nähbetrieb von ihrer Mutter, die irgendwann erklärte, sie sei nicht mehr dazu in der Lage, eine Nadel einzufädeln. Auch nähte sie Stores und Gardinen selbst und fertigte Vorhänge für Regale an.

8. Sommer- und Wintererlebnisse

Im Sommer ging es oft in eine Grünanlage an einem Flüsschen, auch manchmal an den weiter entfernten Fluss zum Spazierengehen und mit Decke, Ball und Federballspiel bewaffnet auch mit einer Art Kricket mit Schlägern und in den Boden zu steckenden Bögen und kleinen Bällen, um dort auf der Wiese zu lagern und zu spielen. Später wurden auch Bücher mitgenommen und gelesen, in der frühen Kindheit kam der Purzel, eine Puppe oder ein Teddybär mit. Für sie hatte sie auch einen Sitzkorb, den sie an ihren Fahrzeugen, dem Dreirad und später dem Roller, an der Lenkstange einhängen konnte. Es gab viele schöne Sommer mit anhaltenden Schönwetterperioden in ihrer Kindheit, an die sie sich erinnern konnte. Auch begann sie, auf Bäume zu klettern wie ein Junge. Es gab einen Baum, der bot einen leichten Einstieg zum Klettern und war bei allen Kindern beliebt. Es gab auch eine Art Halbinsel, die nur über einen schmalen Zugang am Wasser erreichbar war. Dort hat sie gerne gespielt. Etwas weiter weg gab es am großen Fluss eine Naherholungsanlage mit kleinen Seen und einer Fontäne. Die war oft Ziel von

Sonntagsausflügen. Da wurden die Wassertiere Enten Blesshühner und Schwäne beobachtet und gefüttert. Dort war auch der Volksfestplatz, wo im Sommer oft ein Zirkus gastierte. Da fieberte Ingeborg schon der Vorstellung entgegen. Ihre Mutter ging mit ihr in jeden Zirkus, der kam und meist auch in die angeschlossene Tierschau. Das war immer ein Erlebnis! Auch bot es einen Anlass, von ihrer Kindheit, ihren Zirkuserlebnissen und vom Oderstrandbad, das auch außerhalb des Stadtzentrums der Heimatstadt ihrer Mutter lag, zu erzählen. Auch auf den Rummelplatz ging es natürlich, wenn Volksfest war. Dann fuhr auch die Straßenbahn bis dort hinaus und stand auch nach den Zirkusaufführungen bereit zum Rücktransport der Zirkusbesucher in die Innenstadt. Auf dem Volksfest gab es dann gebrannte Mandeln und Magenbrot, auch Pfefferminzbruch, Köstlichkeiten, die es nur dort gab. Außerdem durfte sie Karussell fahren. Es gab Pferde, Autos oder andere Vehikel, die erklimmt werden konnten für einige Runden zu Musikklängen. Damals waren auch Kinder beim Zirkus dabei und es gab einen langgestreckten Wagen mit der Aufschrift: „Schule". In ihren Träumen reiste sie mit einem Zirkus mit und erlebte tolle Abenteuer. Die Zirkuswelt war eine eigene, faszinierende Welt, die sie magisch anzog. Schon Wochen vorher hingen die ver-lockenden Plakate überall in der Stadt. Ein Zirkus bot riskante Tiernummern, ein anderer wiederum war berühmt für seine „Hohe Schule" im Reiten. In ihrer Kindheit gab es atemberaubende Artistik-Nummern. Meist war es auch schon dunkel, wenn sie aus der faszinierenden Zirkuswelt wieder auftauchten. Sterne flimmerten am Himmelszelt und das Mondschiffchen zog seine Bahn im Himmelsozean. Diese Abendstimmungen liebte Ingeborg sehr und die nächtliche Heimfahrt mit der Straßenbahn ließ ihr Raum für ihre

Abenteuerträume im Nachklang an das soeben Erlebte. Auch die tolle Musik, die die Nummern untermalte, war so beeindruckend, das sie ihr im Gedächtnis haften geblieben war. Sie besaß einige Tierfiguren, mit denen musste sie zu Hause gleich anschließend, als das Erlebte noch frisch war, die Nummern nachspielen. Als sie ihren Vater einmal mit ihrer Mutter und Großmutter auf Kur besuchte, schenkte er ihr einen Seehund, mit einem Ball, den er auf seinem Köpfchen balancieren konnte. Er gehörte auch zur Menagerie.

Im Winter kam dann, wenn genug Schnee lag, der Holzschlitten zum Einsatz. Ingeborg zog ihn an einer Schnur hinter sich her bis sie beim Flüsschen angelangt waren. Dann ging es heidi die verschneiten Abhänge zum Ufer hinunter. Einmal nahm der Schlitten rasant Fahrt auf und sauste gefährlich schnell der Wasserkante zu. Im letzten Moment konnte sie ihn stoppen, bevor er beinahe über den Uferrand ins Wasser geschossen wäre. Ein einziges Mal ging es mit dem Bus zum Schlittenfahren auf einen der „Berge" um die Stadt herum. Da gab es eine lange, steile Schlittenbahn. Nun war die auch noch vereist! In halsbrecherischer, langanhaltender Fahrt sauste der Schlitten hinunter ins „Tal". Er hopste über die vereisten Buckel hinüber und drohte mehr als einmal umzukippen oder aus der Bahn geworfen zu werden. Endlich war Ingeborg glücklich am Fuße des „Berges" angekommen.

Ingeborgs Mutter ging mit ihr ein paar Mal zur Eislaufanlage am großen Fluss. Im Sommer war dort das Freibad untergebracht. Dort lieh sie Schlittschuhe für Ingeborg aus und sie durfte sich im Eislaufen versuchen. Das hat Ingeborg großen Spaß bereitet. Dabei kam ihr die Übung als

Rollschuhläuferin zugute. So fuhr sie bald recht kunstvoll über die spiegelnde, glatte Eisfläche und träumte von einer Karriere als Eiskunstläuferin. Außerdem schaute sie sich mit ihrem Vater Sendungen zum Eiskunstlauf – Tanz auf dem Eis – zu schöner Musik an und tanzte in ihrer Vorstellung selbst kunstvolle Pirouetten zu einer zauberhaften Musik über das Eis.

9. Vorweihnachtszeit

Sie wohnten nicht sehr weit vom Stadtzentrum entfernt. So sind sie oft auch in die Stadt hineingelaufen, wenn etwas zu besorgen war, um das Fahrgeld zu sparen. Zurück zu ging es dann mit der Straßenbahn, weil sie meist einiges zu tragen hatten, da sich ein Stadtgang ja lohnen musste. So hatten sie auch immer eine lange Erledigungsliste. Wenn sie beim Arzt oder Zahnarzt waren, mussten sie oft lange warten, bis sie an die Reihe kamen. Meistens war es dann schon dunkel und Ingeborgs Vater wartete schon ungeduldig auf ihre Rückkehr, weil es Zeit zum Abendessen geworden war, das sie immer gemeinsam eingenommen haben.

Eines Tages stand ein Stadtgang an. Es war noch gar nicht so spät, als Ingeborgs Mutter mit dem Abwasch fertig war, doch begann es schon zu dämmern. Rasch zogen sie sich an und sie liefen los. So kamen sie an die erste große Kreuzung. Es war noch grün. Ingeborgs Mutter eilte auf die Straße und zog Ingeborg mit sich. Doch sie schafften es nicht mehr über die ganze Kreuzung, weil die Ampel vor dem letzten Abschnitt auf rot sprang. So blieben sie auf der Insel im Verkehr stehen und warteten mit anderen zusammen auf die nächste Grünphase. Es waren einige Leute nicht mehr ganz hinübergekommen.

Plötzlich kam ein Auto ungebremst auf die Menschengruppe zugeschossen. Rasch wichen die Leute aus. Eine Druckwelle erfasste Ingeborg und ihre Mutter und sie stürzten in eine Schneewehe. Ingeborg hielt vor Schreck den Atem an. Als sie aufblickte, sah sie, dass das Auto knapp neben der Gruppe Fußgänger endlich zum Stehen gekommen war. Sie rappelten sich mühsam wieder hoch und klopften sich den Schnee aus den Mänteln. Das hätte schlimm enden können! Durch die Druckwelle waren sie aus der Bahn des Fahrzeugs geschleudert worden und waren mit dem bloßen Schrecken davongekommen. Sie standen erst einen Moment verdattert herum bis es grün wurde. Rasch querten sie die restliche Strecke der Kreuzung und setzten mit zitternden Beinen ob des ausgestandenen Schreckens ihren Weg fort.

Vor Weihnachten war es für Ingeborg besonders schön, in die Stadt zu gehen, hoffte sie doch, dass am Ende ihres Stadtrundganges etwas Zeit übrigblieb, die aufgebaute Eisenbahn im größten Kaufhaus am Platze bestaunen zu dürfen. Ach, war das herrlich, die in einer Landschaft mit Bahnhöfen, Wäldern und Dörfern herumfahrende Bahn zu beobachten. Auch zog es sie in die Spielwarenabteilung, wo es vor Weihnachten etwas Besonderes gab, das sie faszinierte: Musikinstrumente! Da standen Glockenspiele im Regal, gab es Flöten und Mundharmonikas. Am Ende ihrer Erledigungstour quälte sie ihre erschöpfte Mutter, noch ein bisschen dorthin gehen zu dürfen. Manchmal ließ sie sich erweichen. Ei, war das herrlich, einmal das ausgestellte Glockenspiel vorsichtig auszuprobieren. Ach, wie wünschte sie sich so sehnlichst auch so etwas zum Gebrauch! Sie liebte Musik über alles! Außerdem mochte sie es, durch die beleuchteten Einkaufsstraßen zu schlendern, wenn, ja wenn, der Vater nicht schon ungeduldig auf ihre Rückkehr warten würde! So war der herrliche Ausflug für sie oft viel zu schnell beendet und wurde zur Heimkehr geblasen. Meist erwartete der Vater sie schon zu Hause und empfing sie mit den vorwurfsvollen Worten: „Wo bleibt ihr denn so lange?! Jetzt wird es wieder so spät mit dem Abendessen!" Noch etwas gehörte zur Vorweihnachtszeit: Das Plätzchen- und Lebkuchenbacken nach Urgroßmutters Rezepten. Sie waren alle in einem alten, schon vom vielen Gebrauch zerfledderten Heft, aufgeschrieben in einer geheimnisvollen alten Schrift. Ingeborg verfolgte staunend, wie ihre Mutter sie entzifferte. Leider war man bei dieser Tätigkeit auch immer unter Zeitdruck, weil alles samt Abwasch in der kurzen Zeit nach dem Mittagsabwasch und der Rückkehr des Vaters von der Arbeit geschafft werden musste. Dabei machte das doch großen Spaß, ihrer Mutter zu helfen und zwischendurch auch einmal vom Teig zu naschen. Und ein verführerischer Duft zog durch die Wohnung, wenn ihre Mutter die Backofenklappe öffnete, um den Teig zu stechen, um zu prüfen, ob die Plätzchen schon fertig waren! Zum Schluss wurde alles in Kartons und Büchsen verpackt bis zum Fest. Heimlich, wenn ihre Mutter beschäftigt war, stahl sich Ingeborg ins kalte Schlafzimmer, wo die Köstlichkeiten aufbewahrt wurden, um die eine oder andere Leckerei heimlich zu stibitzen. Wehe, ihre Mutter merkte etwas! Einmal stob sie schnell in den schmalen Spalt beim Schrank hinter der Tür, um der Entdeckung zu entgehen. Puh, das war knapp! Wenn sie es übertrieb, fiel ihrer Mutter schon auf, dass etwas fehlte. Au Backe, das gab Schelte! Es sollte doch für Weihnachten reichen! Leider waren die süßen Dinger so verführerisch, dass Ingeborg trotz guter Vorsätze nicht auf ihre Stibitztouren verzichten konnte. Endlich war es dann soweit und der Heilig-abend nahte heran. Da musste ja noch der Baum geholt und geschmückt werden. Meistens kam man erst am kurzen Nachmittag des Heiligen Abends dazu. Ingeborg durfte ihrem Vater dabei helfen. Ihre Mutter war in der Küche mit den letzten Vorbereitungen beschäftigt und war froh, dort ihre Ruhe zu haben, zumal sie ja Gäste erwarteten. Zu Anfang lud Ingeborgs Mutter eine ältere Nachbarin ein. Außerdem holte ihr Vater seine Mutter mit dem Bus. Das war eine Hektik! Da hieß es, schnell die vielen endlosen Stufen zum Dachboden hinaufgestiegen, um den Christbaumschmuck zu holen. Mehrmals ermahnte der Vater seine Tochter, ja vorsichtig mit dem kostbaren, fragilen Schmuck zu sein. Dann stieg man vorsichtig mit den Kästchen mit den bunten und den versilberten Christbaumkugeln, den silbrigen Vögeln und der ach so wichtigen Glocke, die zur Bescherung rief, beladen, die vielen Stufen im schummrigen Treppenhaus wieder hinunter und legte los. Ach herrje, da passte der Stamm des Weihnachtsbaumes wieder nicht in den Ständer hinein! Also auf in den Keller und die Axt geholt, um an den Seiten etwas abzuschlagen bis der Baum endlich im Ständer stand. Noch fest zudrehen, dass er nicht kippte oder wackelte. Zunächst wurde die elektrische Lichterkette angebracht. Nun konnte man an die diffizile Arbeit des Schmückens gehen. Ingeborg durfte ihrem Vater die Kugeln vorsichtig zureichen, auch später dann die Silberkugeln aufhängen, die zwei feinziselierten Vögelchen platzieren. Die Baumspitze aufzustecken hatte sich ihr Vater stets vorbehalten. Ein Stuhl aus der Küche wurde geholt, er stieg hinauf und stülpte sie über die Spitze des Baumes. Dann wurde noch rasch das Lametta verteilt und er enteilte, um seine Mutter abzuholen, bevor keine Straßenbahn mehr fuhr.

10. Weihnachten

Die Nachbarin traf als erstes ein. Die Mutter unterhielt sich mit ihr, während sie immer wieder verstohlen auf die Wanduhr über dem Schreibschrank blickte, darauf wartend, dass ihr Mann mit der Schwiegermutter endlich einträfe, damit sie mit dem Essenbeginnen könnten. Die ersten Jahre gab es oft Eisbein und Sauer-kraut, später dann schlesischen Kartoffelsalat mit Würstchen. Ingeborg fieberte schon der Bescherung entgegen. Endlich wurde das Geschirr abgetragen und sie musste in ihrem Zimmer warten, später dann auch ihrer Mutter beim Abwasch helfen. Endlich bimmelte das kleine Silberglöckchen, das ihr wieder Einlass ins Weihnachtsstübchen gewährte. Mit glänzenden Augen trat sie erwartungsvoll ein und taxierte die Päckchen unter dem Weihnachtsbaum. Zunächst ging ihr Vater ans Klavier, später war es dann ein elektrisches und begann, Weihnachtslieder zu spielen. Die Großmutter und die Mutter sangen mit und auch Ingeborg fiel mit ein. Endlich war es soweit: Sie durfte ihre Geschenke öffnen. Selig packte sie ein Glockenspiel aus, ein anderes Mal eine Flöte und später eine Mundharmonika. Auch Spiele gab es und Kinder- und Märchenbücher. Die Instrumente mussten gleich ausprobiert werden. Mit dem Glockenspiel übte sie auch oft mit ihrem Vater zusammen. Er brachte ihr bei, Lieder darauf zu spielen. Ab und zu durfte sie auch unter Aufsicht ans Klavier. Da war Ingeborg hellauf begeistert. Sie liebte Musik über alles. Auch Bücher faszinierten sie sehr. Dann gab es auch gemeinsame Spiele-Abende. Das war eine schöne und verklärte Zeit, herausgehoben aus dem Alltag.

II. Späte Kindheit

1. Einschulung und erste Schuljahre

Ingeborg war bitter enttäuscht, als sie noch ein Jahr zurückgestellt wurde. So ein Pech, dass sie nur ein paar Tage vor dem Stichtag geboren war! Nun sollte sie noch ein Jahr in den Kindergarten gehen und ihre Freundinnen, die nur ein bisschen älter waren als sie, durften zur Schule überwechseln. Endlich war das letzte Kindergartenjahr herum und ein neuer Lebensabschnitt wartete auf sie. Schon Wochen vorher ging es den Schulranzen besorgen und auch die Schultüte. Ihre Mutter zeigte ihr die Bilder von ihrer Einschulung im Fotoalbum. Endlich nahte der große Tag heran: Im September 1970 war es soweit. Ihr Vater hatte sich freigenommen und so marschierten sie zu dritt los. Es war ein schöner Fußweg. Schließlich bogen sie von der großen Straße ab und betraten den Schulhof. Immer mehr neue Erstklässler strömten mit Mutter oder Vater oder beiden Elternteilen herbei. Schließlich hatten alle neuen Schüler auf den Holzbänken an den Holztischen, immer zu zweien nebeneinander, Platz genommen. Bald waren sie auch schon wieder entlassen und strebten nach Hause. Ingeborgs Vater hatte schon in der Klasse einige Fotos gemacht und weitere folgten im Hof hinter dem Haus vor den Blumenbeeten. Nach und nach freundete sich Ingeborg mit ihren Klassenkameraden an. Doch viele kamen von auswärts oder wohnten weiter weg in anderen Stadtteilen. So ergab es sich erst später, als sie älter war, auch alleine die Freundinnen besuchen zu gehen. Was ihr am meisten Freude machte, war, dass bald mit dem Blockflötenunterricht begonnen wurde. Sie war selig, als sie ihre Bücher selbst lesen konnte. Von diesem Zeitpunkt an ging es auch in die Leihbücherei in der Kirchengemeinde, die immer am Sonntag nach dem Gottesdienst geöffnet hatte und von der Pfarrfrau betrieben wurde. Sie pendelte zwischen zwei Gemeinden hin und her. In der einen war ihre Mutter Helferin, da gab es auch eine Bücherei, die von der Mesnersfrau geführt wurde, die auch unter der Woche nachmittags geöffnet hatte. Ihr Vater ging wegen der Predigten oft in die andere Gemeinde und nahm Ingeborg dorthin mit, wo sie dann den Kindergottesdienst besuchte. So war sie mit Lesestoff gut versorgt. Sie entwickelte sich zu einer richtigen Leseratte und verschlang ein Buch nach dem anderen. Manchmal frönte sie noch abends im Bett mit einer Stabtaschenlampe ausgerüstetihrer Leidenschaft.

Die Schule fiel ihr leicht und die ersten Jahre musste sie so gut wie nichts dafür tun und hatte viel Freizeit. Im Haus selbst gab es keine Kinder nur im Nachbarhaus und ein paar Häuser weiter. Allerdings bekam das Mädchen im Nachbarhaus, das etwa in ihrem Alter war, immer den bedeutend jüngeren Bruder aufgehalst. Da orientierte sich Ingeborg um. Über die Straße war noch ein Häuserblock. Da freundete sie sich mit einem etwa gleichaltrigen Jungen an. Außerdem wurde sie bald in den Nachbarhof, der nur vom Hof, der zu ihrem Häuserblock gehörte, durch einen Zaun abgetrennt war, eingeladen. Allerdings konnte sie nur außenherum von der großen Straße aus zu deren Hauseingang hineingelangen. Das war eine tolle Zeit. Da lernte sie viele Spiele kennen und es gab eine Menge Kinder. Einige waren etwas älter als sie, andere in ihrem Alter und einige auch etwas jünger. Da war fast immer jemand da, der sie einlud, hinüberzukommen. Die Barbiepuppen kamen auf. Sie bekam von ihren Eltern auch eine geschenkt, um mitspielen zu können. Im

Sommer war sie immer draußen mit den anderen Kindern.

2. Das Blockflötenspiel

Zunächst spielten sie in den Musikstunden ohne Noten. Ihr Lehrer saß erhöht auf einem Podest, so dass ihn alle sehen konnten und vor allem seine Finger. So lernten sie die einzelnen Töne, Tonleitern und Lieder. In der dritten oder vierten Klasse kam eine neue Lehrerin zusätzlich zu einer Musikstunde dazu und es wurde eine Art Prüfung abgehalten. Sie mussten etwas auswendig spielen. Ingeborg war in der Stunde, in der das Lied einstudiert wurde, krank gewesen. Doch sie wusste sich zu helfen: Sie spielte heimlich von den Fingern ihrer Nachbarin ab. Da wurde sie mit anderen zusammen von der neuen Lehrerin ausgewählt und sie zogen mit ihr in einen anderen Raum ab, in dem sie fortan, parallel zur anderen Gruppe, Unterricht hatten. Nun begannen sie, von der Pike auf die Noten zu lernen und bald schon spielten sie zweistimmig kleine Musikstücke. Ingeborgs Vater übte mit ihr zu Hause und sie gehörte bald zu den Besten. Wie gut, dass sie sich durchgemogelt hatte, denn in der anderen Gruppe gab es einige, die nie richtig Noten gelernt haben! So kam es auch, dass sie in der Kirchengemeinde bald in eine Flötengruppe eintrat. Dort vertiefte sie noch, was sie in der Schule gelernt hatte. Das war eine schöne Zeit für sie. Ihr fiel auch das Flötespielen zu, denn üben durfte sie zu Hause nur wenig wegen der Nachbarn. Später trat sie dann ins Mittelstufenorchester in der Schule ein und spielte dort einige Jahre mit der Blockflöte mit.

3. Geigen- und Klavierspiel

Immer wieder bedrängte Ingeborg ihre Eltern mit dem Wunsch, Geige lernen zu dürfen. Endlich gaben sie ihrem Drängen nach und suchten ernsthaft nach einer Geigenlehrerin. Eine in der Stadt bekannte wurde ihnen empfohlen. Also machte Ingeborgs Mutter bei ihr einen Termin aus und Ingeborg pilgerte mit ihrer Mutter dort-hin. Sie prüfte Ingeborg gründlich und schlug vor, Klavier und Violine als Kombination wäre für Ingeborg das Beste. Doch leider – ihre Eltern konnten sich das Honorar, das sie verlangte, nicht leisten. Da wurde nach einer anderen Lösung gesucht. Sie brachten in Erfahrung, dass die Frau des Musiklehrers auch Geigenunterricht erteilte. Also wurden sie dort vorstellig. Sie nahm Ingeborg schließlich. Sie verlangte ein Honorar, das ihre Eltern bezahlen konnten. Ein Wermutstropfen war, dass sie nun ja nur ein Instrument lernen durfte. Sie hatte nämlich nach der Prüfung schon richtig Lust bekommen, auch Klavier richtig zu lernen. Da bot ihr Vater an, ihr Unterricht am Klavier zu erteilen. Nun konnte es endlich losgehen mit der Musik. Doch leider machten ihr die Nachbarn einen Strich durch die Rechnung. Sie durfte nur einmal die Woche Geige üben. Das war natürlich viel zu wenig, um den gewünschten Erfolg im Geigenspiel zu erlangen. Mehr Erfolg konnte sie auf dem Klavier verzeichnen, weil inzwischen ein elektrisches Klavier angeschafft worden war, das man leise stellen und auch mit Kopfhörern betreiben konnte. Sie schaffte es trotzdem mit der Geige im Oberstufenorchester Aufnahme zu finden und spielte dort auch bis zum Schluss.

Später im vorletzten Schuljahr fand sie eine gute Lehrerin durch die Empfehlung eines ehemaligen Klassenkameraden, die Ingeborg in Klavier und

Violine unterrichtete, wo sie auch gute Erfolge verzeichnen konnte.
Die Musik hat sie ihr ganzes Leben begleitet und
blieb ihr liebstes Hobby.
Sie begann auch schon früh zu komponieren und
sich im Improvisieren zu üben.

4. Stadtranderholungserlebnisse

Als Ingeborg acht oder neun Jahre alt war ging es in
den großen Ferien drei Wochen zur Stadtranderholung in ein Dorf in der Nähe ihres Heimatortes. Jeden Morgen holte ein Bus die Kinder ab und brachte
sie abends zurück. Das Ganze wurde von der evangelischen Kirche organisiert. Untergebracht war die
Veranstaltung im Gemeindehaus neben der
Dorfkirche am Waldrand und in Zelten auf der
Wiese an einem Bach. In den ersten Jahren oblag die
Leitung einer Bekannten ihres Vaters.
Zu der Zeit war alles streng reglementiert. Ingeborg
erinnerte sich noch gut daran, wie es mittags nichts
zu trinken gab, obwohl es ein sehr heißer Sommer
war. Nach dem Essen mussten sie gruppenweise
ihre Liegen in den Zelten einnehmen und Mittagspause halten. Keiner durfte das Zelt verlassen, dem
er zugeordnet war. Im Speisesaal wurde Mitarbeiterbesprechung abgehalten. Ingeborg verging an diesem Tag schier vor Durst. Sie hatte eine Flasche zu
Trinken von zu Hause mitbekommen, aber die war
in ihrer Tasche an der Garderobe, die sich vor dem
Saal und den Toiletten befand. Es war auch strengstens verboten, die Toiletten während der Mittagspause aufzusuchen. Schließlich hielt es Ingeborg
nicht mehr aus. Auch vereinzelte andere Kinder
setzten sich heimlich Richtung Toilette ab. Da
machte sich Ingeborg auch auf diesen Weg. Als sie

am offenen Eingang zum Vorraum angekommen war und wohl niemand sie durch die großen Fenster erblickt hatte, während sie die Wiese zum Haus hin überquert hatte, galt es nun, geräuschlos an die Tasche zu kommen und die Flasche zu ergattern. Endlich hatte sie sie gefunden. Verflixt! Der Verschluss ging nicht auf. Endlich war ihr das Öffnen geglückt und sie setzte die Flasche schnell an den Mund und trank in gierigen Schlucken. Da ging plötzlich die Toilettenspülung. Das Geräusch zerriss die Stille wie ein Peitschenhieb. Im gleichen Moment wurde die Saaltür aufgerissen und sie wurde angeherrscht, was sie da mache. Vor Schreck hat sie sich verschluckt, musste fürchterlich husten und konnte nur eine Erklärung stammeln. „Räum' die Flasche weg und geh' unverzüglich zurück ins Zelt!" Mit zitternden Fingern drehte sie den Verschluss zu, steckte die Flasche zurück in die Tasche und trollte sich. Dafür büxte sie später samt ihrer Tasche aus, erkundete die Straße zum Ort, kletterte hinauf zum Wald und spazierte darin herum. Sie hatte überhaupt keine Lust auf irgendwelche Spiele. Erst einmal genoss sie ihre Freiheit, sich immer wieder einen Schluck aus ihrer Flasche genehmigend.

In einem Jahr gab es ein Lagerfeuer in der Nähe des Baches. Die knisternden Flammen zuckten gen Himmel. Das war ein Anziehungspunkt für viele und erweckte Wildwestromantik.

Einmal ging es in ein Freibad in einem anderen Ort. Gemeinsam ging es zum Umziehen. Ingeborg genoss das Schwimmen im Freien sehr, war sie doch bisher nur das Hallenbad gewöhnt. Doch irgendwann hatte auch sie genug. Da wollte sie sich umziehen gehen, wie ihre Mutter sie zuvor gemahnt hatte. Doch es hieß, keiner dürfe in die Umkleidekabine. Alle sollten draußen auf der Wiese bleiben. Im Schatten, wo die anderen saßen, fror Ingeborg in ihrem nassen Badeanzug und in der Sonne war es doch zu heiß. Das Ergebnis war eine böse Erkältung.

Einmal gab es ein Geländespiel. Sie schaffte es sogar, einen Goldbarren zu erobern, aber dann wurde sie zusammen mit einem Jungen ihrer Gruppe gejagt und sie kamen vom Weg ab. Da gabelte sie ein Bäuerlein aus dem Ort mit seinem Traktor auf und hieß sie aufsitzen. Hei, das ging holterdiepolter über die steinigen Feldwege. Ingeborg machte das Traktorfahren richtig Spaß! Es ging über Stock und Stein. So rückten sie schließlich hoch zu Traktor im Ziellager ein. Das war ein Erlebnis der Extraklasse! Eines Mittags hatte Ingeborg und auch einige andere wieder unbändigen Durst, weil es so heiß war. Diesmal residierten die Gruppenleiterinnen in einem Wohnwagen und es ging in der Mittagspause schon etwas freier zu. Die Gruppenleiterinnen kamen mit Flaschen heraus und tranken, während die Kinder dursteten. Am letzten Elternnachmittag unter Leitung der Bekannten führte Ingeborgs Gruppe einen Tanz auf. Sie war begeistert dabei. Nur noch an den Refrain konnte sie sich erinnern: „Wenn der Mond im siebten Hause steht …" Viele Nachmittage hatten sie und ihre Kameradinnen mit ihrer Leiterin unermüdlich diesen Tanz einstudiert, der auch beim Publikum sehr gut ankam.

Nach einem Leiterwechsel gab es dann nach dem Mittagessen Tee für die Kinder. Allerdings musste man sich mit dem Trinken beeilen, weil das Plastikfass in der Sonne stand, wenn er noch schmecken sollte.

Als Ingeborg dreizehn Jahre alt war wurde sie von der Bekannten in ein Ferienlager nahe einer großen Stadt mitgenommen. Sie waren im verwaisten Pfarrhaus untergebracht. Es gab Feldbetten und nur kaltes Wasser zum Waschen. Tagsüber waren sie im Heim der dortigen Stadtranderholung. Ingeborg war schon einen Tag vor Beginn des Betriebes angekommen und freundete sich mit den Kindern der Köchin an. Sie durchstreifte das Gelände und erkundete das Terrain. Dort gab es einen Kochkurs im Maggi-Kochstudio, weil Ingeborg zur Abschlussgruppe gehörte. Sie kochten in Teamarbeit ein ganzes Menü, das sie anschließend gemeinsam verspeisten.

Diesmal hatte Ingeborg eine Vorzugsstellung: Sie durfte im Mitarbeiterzimmer aus- und eingehen und hatte dort im Kühlschrank eine Flasche zu Trinken deponiert, von der sie ab und zu trinken durfte. Wenn die anderen abends schon mit den Bussen nach Hause abgefahren waren, blieb sie sich selbst überlassen, weil die Bekannte Mitarbeiterbesprechung abhielt. Es gab ein Musikzimmer mit Kuhglocken und Klavier. Da ließ es sich so fein improvisieren. Das machte ihr einen Heidenspaß. Dann wurde sie zum Duschen geschickt und sollte auch ja so schnell nicht wiederkommen! Auch stromerte sie alleine durch die Gegend, eine Gartensiedlung. Eines Abends waren sie zum Sommerfest des Kaninchenzüchtervereins dort eingeladen. Da landete so ein kleiner Hoppelmann (= Zwerghase) auf ihrem Schoß und fühlte sich den ganzen Abend unter ihren Streicheleinheiten pudelwohl.

5. DLRG

Als Ingeborg zehn Jahre alt war entdeckte ihre Mutter eine Anzeige in der Tageszeitung. Da wurde ein Schwimmkurs für Kinder von der DLRG im örtlichen Hallenbad angeboten. „Da gehst du hin".

Meinte sie zu ihrer Tochter, „damit es dir nicht wie mir ergeht. Es ist wichtig, dass du schwimmen lernst!" Spornstreichs meldete sie ihre Tochter dort an, die auch gleich begeistert war. Allerdings gab es ein Problem: Ingeborg hatte seit einer Mittelohrentzündung ein Loch im Trommelfell bei einem oder beiden Ohren — so genau wusste sie das nicht mehr. Aber auch da fand sich eine Lösung im Anmeldegespräch. Ihr wurde Einzelunterricht zum gleichen Preis angeboten und empfohlen, Ohrstöpsel zu tragen. Badekappen waren damals sowieso Pflicht. So erhielt sie eine gründliche Schwimmausbildung von wechselnden Lehrkräften. Nach Abschluss des Kurses wurde den Kindern angeboten, in die DLRG einzutreten. Ingeborg entschloss sich dazu und so war fortan der Dienstag dem Wassertraining gewidmet. Sie erlernten verschiedene Schwimmarten, Tauchen und auch die Anfangsgründe des Rettungsschwimmens. Eine Stunde war für die Unterweisung vorgesehen. Meistens waren sie früher fertig, so blieb der Schluss dem freien Schwimmen vorbehalten. Eines Tages nahm sie an der Frei- und Fahrtenschwimmprüfung teil, wozu auch je ein Sprung vom großen Sprungbrett gehörte. Beide überstand sie gefahrlos. Ab und zu gab es allerdings Malheur mit den Ohrstöpseln, die unter der Badekappe hervor ins Wasser entwischten. Da musste sich dann immer ein freiwilliger Helfer finden, der nach ihnen tauchen ging. Viele Jahre später wurde dann festgestellt, dass das Loch/die Löcher zugewachsen war/waren. Das Schwimmen hat Ingeborg immer viel Freude bereitet und es war eine schöne Zeit bei der DLRG.

6. Gartenbau und Handwerk

Fächer wie Gartenbau und Handwerk standen auf dem Stundenplan in Ingeborgs Schule. Im Gartenbau mussten sie umgraben, im Gewächshaus in großen Beeten Kresse und anderes aussähen. Einmal hatten sie ein halbes Jahr lang theoretischen Unterricht über Zimmerpflanzen und deren Pflege. So wurde für zu Hause Schnittlauch und Petersilie in Töpfen besorgt, auf den Fensterbänken untergebracht und Kresse in einer flachen Schale ausgesät. Der Petersilie war es wohl zu sonnig hinter der Scheibe und sie verdorrte nach und nach. Vom Schnittlauch hatten sie mehrere Pflanzengenerationen mit gutem Ertrag. Sie aßen so gerne Schnittlauchbrot, einmal mit, einmal ohne Quark. Die Kressezucht war am erfolgreichsten. Auch begann sich Ingeborg für Blumen zu interessieren. Außen an den Fenstern hatte ihr Vater Metallkörbe für Blumentöpfe befestigt und im Wohnzimmer standen Blumen auf der Fensterbank. Auch gab es immer einen Gummibaum im Wohnzimmer. Das war im Sommer wunderschön, wenn die Sonne ihre warmen Strahlen in den Innenhof hereinschickte. Bis zu den Fenstern kam sie noch lange, wenn es unten in den Gärten im Hof schon lange schattig war. Die Vögel sangen ihr Morgenlied auf dem Fensterbrett. Besonders im Frühling liebte sie die ruhigen Sonntagmorgen, wenn ihre Eltern noch schliefen. Manchmal stieg sie auf die Toilette und blickte zum geöffneten kleinen Badfenster hinaus und hörte den Vögeln zu, die den neuen Morgen mit ihrem wundervollen Gesang begrüßten. Die Farben des Himmels waren so zart. Es war eine besondere Morgenstimmung – ein Hauch von Paradies. Im Handwerk wurden Figuren aus Ton hergestellt, zum Schluss auch ein Kopf plastisch gestaltet und ein Krug angefertigt, der auch glasiert und gebrannt wurde. Das künstlerische Gestalten bereitete Ingeborg viel Freude. Dann wurde auch mit Holz gearbeitet. Die Schüler schnitzten ein Salzfässchen und eine Bleistiftschale. Als Abschlussarbeit wurde ein Schmuckkästchen hergestellt. Ingeborg bekam von ihren Eltern einen Handwerkskasten geschenkt. Nun begann sie unter Anleitung ihres Vaters sich zu Hause mit Laubsägearbeiten zu beschäftigen. Später montierte sie die Möbel selbst, zum Teil sogar allein. Sie entwarf Regale, ließ sie im Baumarkt zuschneiden und klebte sie zu Hause zusammen. Auch dafür hatte sie ein Händchen.

7. Handarbeiten

Bald schon begannen sie in der Schule mit dem Handarbeitsunterricht. Sie lernten Sticken und Häkeln. Es wurden Puppen und Tiere aus Stoffresten hergestellt. Die Puppen wurden mit Gesichtern und Haaren versehen, das Pferd und der Löwe mit Mähnen. Der Löwe wanderte als Geschenk zur Großmutter und nahm dort einen Ehrenplatz auf dem Sofa ein.

In der Schule ging es dann an die Nähmaschinen. Da hatte Ingeborg anfangs Schwierigkeiten. Zunächst brachen ihr die Nadeln ab. Auf einmal platzte der Knoten und die Maschine surrte nur so. Zu Hause wurde Großmutters Nähmaschine wieder eingeweiht.

Später kam dann in der Schule das Wolle spinnen mit einem Spinnrad dazu und das Weben. Als Abschlussarbeit fertigte Ingeborg einen Wandbehang an. Sie ruhte nicht eher, bis sie einen eigenen Webrahmen bekam und fertigte zu Hause kleinere

Webstücke an. Es machte ihr viel Freude, sich mit den alten Handwerkskünsten zu beschäftigen.

8. Kasperletheater, Prager Marionettentheater und großes Theater

Eines Abends im Jahre 1972 ging es in den Gemeindesaal der nahen katholischen Kirche. Dort gab es eine Aufführung des Prager Speibl- und Hurvínek-theaters. Aus dem damaligen Programmheft kann man einiges über die Geschichte dieses Marionettentheaters erfahren, das Ingeborg in einem alten Fotoalbum aus ihrer Kindheit wiederfand. Gegründet wurde dieses Puppentheater von Professor Josef Skupa im Jahr 1917. Speibl und Hurvínek, zwei groteske Typen, Vater und Sohn sind die Protagonisten. Hurvínek zeichnet sich in den Dialogen durch sein kindlich verspieltes Necken aus und Speibl antwortet darauf mit Lebenserfahrung. Der Abend begann mit einer Shakespeare-Suite, einer Solotanzkreation mit einem Puppentänzer. Dann folgte ein Dialog der beiden Protagonisten. Anschließend gab es eine Liebesszene zwischen Pierrot und einer Rose. Außerdem stand der Auftritt einer Tierbändigerin namens Clarissa auf dem Programm. Weiter folgte eine Parodie auf die Modewelle der Popmusik. Im Programmpunkt „Die Schuldigen" gab es den Soloauftritt eines Häftlings. Weiter liest man im Programm: Dilemma: Pierrot steht zwischen zwei Verlockungen. Auf den nächsten Dialog der Namensgeber des Theaters folgte eine Liebesgroteske und dann eine Ehewerbung. Ingeborg verfolgte gespannt die Aufführung. Das Publikum wurde von den Darbietungen zum Lachen gebracht. Ingeborg war fast traurig, als der faszinierende Puppentheaterabend sich seinem Ende zuneigte und nach dem Abschlussapplaus alle dem Ausgang zustrebten. Auf dem kurzen Heimweg durch die dunkle Vorweihnachtsnacht dachte sie über das Gesehene und Gehörte nach. Ihr kamen eigene Ideen für ein Puppentheaterspiel. Da wurde in den nächsten Tagen das hinter dem Schrank schlummernde Kasperletheater aus der Versenkung geholt und aufgestellt. Zwei Bühnenbilder zur Wahl konnten eingehängt werden. Dann ging das Spiel auch schon los. Manchmal hatte sie ihre Mutter als Zuschauerin, wenn sie gerade ein paar Minuten neben ihren vielen Haushaltspflichten erübrigen konnte, manchmal war es ein imaginäres Publikum, das ihr Spiel mit Anspannung verfolgte.

Als Ingeborg elf Jahre alt war, führte sie ihr Vater ins Theater ein. Das erste Stück, das sie miteinander anschauten, war eine Operette: „Das Land des Lächelns". Darauf folgte als erste Oper „Die Macht des Schicksals". Ingeborg schwebte auf den Melodien, die ihr im Gedächtnis haften geblieben waren nach Hause und träumte nachts davon. Sie freute sich auf jeden Theaterbesuch. Ihr Vater bevorzugte Premieren, weil er die erste Besetzung erleben wollte. Das war eine schöne Zeit, wo sie in jeder Spielzeit das Musiktheater ihrer Heimatstadt besuchten. Sie begann, selbst Theaterstücke zu schreiben und dramatische Musik dazu zu komponieren. Irgendwann endete diese schöne Zeit, vielleicht, weil ihrem Vater die modernen Inszenierungen, die nunmehr in Mode kamen, nicht mehr gefielen. Er zog es vor, Opernaufführungen in Starbesetzung im Fernsehen anzuschauen. Einmal war Ingeborg noch mit der Schule in einer Schauspielaufführung und anschließend war sie zur Jungbürgerfeier ins Theater geladen zu einer Aufführung und zu einem anschließenden Stehempfang. Danach fand die selige Theatersaison ein jähes Ende.

9. Kurrende

Mit zehn oder elf Jahren entdeckte Ingeborg das Singen für sich. Sie trat der Kurrende bei, die der Kirchenmusikdirektor ihrer Gemeinde leitete. Die kleinen Sängerinnen und Sänger erhielten eine solide Gesangsausbildung. Sie traten in Gottesdiensten und Konzerten der eigenen Gemeinde auf und fuhren auch zu Aufführungen in die nähere Umgebung. Einmal sangen sie zu viert eine Arie in der Hauptkirche eines Städtchens in der näheren Umgebung. Später kam dann noch eine Uraufführung in der größten Kirche von Ingeborgs Heimatstadt dazu. Darüberhinaus ging es jedes Jahr einmal auf Chorausflug. Dazu durften sie auch Angehörige einladen. So fuhr ihre Mutter mit. Im Gegenzug durfte sie ab und zu an den Helferinnenausflügen ihrer Mutter teilnehmen, was ihr auch sehr gefallen hat. So kamen sie in der näheren Umgebung herum. Einmal ging es zum gemeinsamen Eisessen im Anschluss an eine Probe, weil es einen Überschuss in der Chorkasse gab.

Von nun an veränderte sich der Ablauf des Heiligen Abends: Es gab das Abendessen wie gewohnt, worauf die langersehnte Bescherung folgte. Doch kaum hatte Ingeborg sich in ihre Geschenke vertieft – meistens waren es Bücher – wurde schon zum Aufbruch in die Kirche geblasen. Da hieß es sich noch schnell für den Chorauftritt im Abendgottesdienst umkleiden und schon ging es los zur Kirche in Wind und Wetter. Die meisten Leute waren zu dieser Zeit schon zu Hause und feierten im Familienkreis. Überall erstrahlten die Weihnachtsbäume im festlichen Glanz und waren die Stuben erhellt von den vielen Lichtern und Kerzen. Sie strebten durch Eis und Schnee der Kirche zu zur kurzen Einsingprobe. Ihre Eltern nahmen derweilen schon im hellen

Kirchenschiff Platz, während der Chor auf der Empore Aufstellung nahm. Nach dem Gottesdienst eilten sie durchgefroren nach Hause in die warme Stube. Es ging dann bald zu Bett und der Zauber der Heiligen Nacht war viel zu schnell verflogen. Doch es war ein neues, wundersames Musikerlebnis, das in ihren süßen Weihnachtsträumen nachklang. Auch hier ein Auszug aus Ingeborgs Tagebuch:

1976/77
Wir machten mit der Kurrende einen Ausflug auf die Alb, der uns auf die Burg Sigmaringen führte, die wir besichtigten. Anschließend ging es in einen Gasthof zum Mittagessen. Das Wetter hat auch mitgespielt. Abends ging es dann heimwärts, angefüllt mit Erinnerungen an den schönen, gemeinsam verbrachten Tag.

10. Wanderungen

Immer, wenn das Wetter schön war an den Sonntagen, brachen sie zu einer Wanderung auf. So lernte Ingeborg die Umgebung ihres Heimatstädtchens nach und nach kennen. Sie liebte diese Ausflüge in die Natur. Einmal fanden sie wilde Himbeeren, von denen sie naschten. Allerhand Waldgetier lief ihnen über den Weg. Es duftete nach Blumen, die im warmen Lichtgeflirr von Bienen und anderen Insekten umtanzt wurden. Oder es roch nach Pilzen im Unterholz. Einmal gerieten sie unversehens in eine Jagdgesellschaft hinein. Da hetzte ein Häschen über den Feldweg, schlug Haken und war flugs im nächsten Dickicht verschwunden. Die Grünberockten rannten eilends mit den Gewehren im Anschlag hinterher. Wie ein Spuk der wilden Jagd waren sie, so

plötzlich, wie sie auf der Bildfläche erschienen waren, auch schon wieder verschwunden.
Einmal sahen sie Rehe scheu am Waldrand stehen. Ihre Ohren spielten nervös. Beim kleinsten Geräusch stoben sie mit fliegenden Läufen davon. Vögel sangen, Bächlein rauschten, allerhand kleines Getier raschelte im Gebüsch. Manchmal war es auch unheimlich still in der Tannenschonung. Dann kamen sie wieder näher zum Waldrand, wo Myriaden von Mücken im Sonnenlicht spielten.
Ab und zu ging es auch zu Fuß zur Großmutter, die in einem Vorort in dem mächtigen Bau eines ehemaligen Benediktinerklosters lebte. Es ging an Flüssen vorbei, oder über ein Brückchen über eine Insel im Fluss. Dort entdeckten sie Frösche.
Das waren wundervolle Naturerlebnisse für Ingeborg, die bleibende Eindrücke in ihr hinterließen.

11. Geschichten von früher

Ingeborg liebte es, wenn ihre Mutter ihr von früher erzählte. Da war der Vorfahr, der Heizer auf einem Gut war. Sie hörte fremde Namen von längst vergessenen Orten aus einem fernen Zauberland, fern und doch so nah, weil es das Land ihrer Vorfahren war. Schlesien, Sehnsuchtsland, Heimat ihrer Eltern. Die Orte mit den geheimnisvollen Namen waren ihr bald altvertraut, zogen sie magisch an. Schon damals reifte in ihr der Wunsch, all das einmal zu besuchen, mit eigenen Augen zu sehen. Ob sie es wohl noch schaffte, die Heimatstadt ihrer Eltern zu besuchen? Sie stammten beide aus derselben Stadt, hatten sich aber erst nach dem zweiten Weltkrieg in der neuen Heimat kennengelernt. So begann sie, eisern zu sparen, um sich diesen Kindheitstraum zu erfüllen und hoffte, den Tag noch zu erleben, an dem es so weit war, sie endlich das aus Kindheitstagen vertraute Zauberland Schlesien besuchen konnte, wo am Oderstrand die Wiege der Mutter stand, im fernen doch so nahen alten Heimatland. Sie wollte es mit eigenen Augen sehen, wo ihre Eltern und Vorfahren gelebt hatten. Dahin wollte sie reisen, wohin ihre Mutter nicht mehr fahren wollte, weil sie ihre Heimatstadt so in Erinnerung behalten wollte, wie sie vor der Zerstörung war.

12. Bad Ischl 1974

Als Ingeborg elf Jahre alt war, ging es auf große Fahrt. Ihr Vater buchte eine Busreise nach Bad Ischl im Salzkammergut in Österreich. Vor der Grenze steckten sie in einem Stau. Als sie endlich durch die Grenzkontrolle gelangt waren, mussten sie in einen alten, klapprigen Bus umsteigen. Es ging über Stock und Stein hinauf in die Berge. Der Busveteran rumpelte durch die Gegend und sauste gefährlich nahe am Abgrund vorbei. Endlich hatte die gefährliche Fahrt durch die atemberaubende Bergwelt ein Ende und sie waren am Ziel angelangt. Ihr Quartier lag an der Hauptstraße – von wegen ruhig, wie im Katalog angepriesen! – Ingeborg gefiel es in der alten Sommerfrische der österreichischen Kaiser. Sie hielt die erste fremde Währung in Händen. Nun wurden die Preise studiert und fleißig anhand der Umrechnungstabelle Schillinge in DM umgerechnet. Jeden Mittag gab es dasselbe Spiel: Sie standen vor den Speisekarten, studierten sie und kalkulierten die Preise. Vormittags und nachmittags wurde im Kurpark flaniert, ging es zum Kurkonzert, wurde am Flussufer promeniert. Ein Arbeitskollege ihres Vaters hatte sich zur selben Zeit mit seinem Ehegespons in einem anderen Quartier einquartiert und so begegneten sie sich zwangsläufig des Öfteren und standen in Gespräche vertieft beisammen.

Eines Abends braute sich ein Gewitter zusammen. Sie eilten zurück ins Quartier, als die düstere Wolkenformation am Himmel anfing, bedrohlich auszusehen. Die schwarze Wand über den gezackten Felsen zog herunter über den Ort. Blitze zuckten gespenstisch über den pechschwarzen Himmel und der Donner rumpelte hinterher, vom Echo vielfach zurückgeworfen. Schließlich folgten Blitz und Donner unmittelbar aufeinander. Es klang wie ein Krieg der Bergtitanen, die eine mächtige Riesenschlacht ausfochten. Das Wetter zog immer wieder hin und her. Endlich schien wieder Ruhe im Beritt eingekehrt zu sein. Ingeborgs Mutter trat zur Balkontür, um zu lüften, damit sie endlich zu Bett gehen konnten. Kaum hatte sie die Balkontür geöffnet, fuhr urplötzlich ein Blitz hernieder und sauste am Balkongitter hinunter. Sogleich folgte der krachende Donner auf dem Fuße. Alle drei standen wie gelähmt vor Schreck und wagten sich nicht zu rühren. Endlich erwachte Ingeborgs Mutter aus ihrer Schreckensstarre und schloss schnell die Balkontür wieder. Der Regen prasselte hernieder und trommelte auf den kleinen Balkon. Schließlich war das Wetter doch so weit abgezogen, dass sie es wagen konnten, die Balkontür erneut zu öffnen. Frische, reine Gebirgsluft drang herein. Der Mond thronte über den sich scharf abzeichnenden, gezackten Felsen und zog majestätisch seine Bahn. Er warf sein silbriges Licht ins dunkle Zimmer herein. Vereinzelt blinkten Sterne am hohen Firmament.

Einmal unternahmen sie einen Busausflug an den Wolfgangsee. In Sankt Wolfgang wurde Station gemacht. Sie schlenderten durch den malerischen Ort. Anschließend ging es auf eine Schifffahrt. Leider, leider waren die schönen Stunden am Wolfgangsee

und die Tage ihres Urlaubes in Bad Ischl allzu bald
zu Ende und sie mussten nach Hause zurückkehren.
Doch die schönen Erinnerungen blieben ein Leben
lang in Ingeborgs Gedächtnis haften.

Als Ingeborg in ihren alten Schulunterlagen kramte,
kam noch ein alter Aufsatz über ihre Ferienerleb-
nisse in Bad Ischl zutage. So hielt sie das Erlebte
während dieser ersten Reise ins Ausland fest:

*Wir waren in Bad Ischl in Österreich. Von dort aus
sind wir auf den Kalvarienberg gestiegen. Wir waren
auch in der Kalvarienbergkirche. Sie war sehr schön!
Sie ist eine Wallfahrtskirche zu der eine Treppe hin-
aufführt. Als wir alles gesehen hatten sind wir wieder
hinuntergestiegen.*
*Am folgenden Tag sind wir in die Kaiservilla gegan-
gen. Dort hingen sehr viele Geweihe an den Wänden.
In einem Glasschrank waren alle Vögel, die der Kaiser erlegt hatte ausgestopft ausgestellt. Es gab viele
verschiedene Vogelarten zu sehen. Nach der Füh-
rung haben wir vor der Villa noch ein paar Bilder
gemacht. Am Nachmittag sind wir noch an der
Traun spazieren gegangen.*
*Am nächsten Morgen sind wir auf den Siriuskogel
gestiegen. Dort oben gibt es einen Aussichtsturm.
Von dort konnte man das ganze Tal überblicken.
Auf dem Siriuskogel ist ein Restaurant. Da habe
ich meinen ersten Almdudler getrunken. Dort oben
gibt es auch einen Sessellift. Wir sind aber gelaufen.
Als wir im Tal angekommen waren, sind wir in den
Weg zur Kathrin-Seilbahn eingebogen. An der Tal-
station haben wir zugeschaut, wie das gemacht wird.
Es kommt ein leerer Haken von oben herunter, dreht
sich durch ein Rad, nimmt die vorderste Kabine und
läuft auf dem Seil nach oben.*
*Am Nachmittag haben wir einen von Papas Kolle-
gen getroffen, der auch zurzeit in Bad Ischl weilte. Er*

und seine Frau haben mich zum Schwimmen mitgenommen und zwar ins Sole-Hallenschwimmbad im Kurmittelhaus. Es war sehr schön im Wasser. Nach dem Schwimmen hat uns Papas Kollege zu einem Café-Besuch eingeladen. Anschließend sind wir noch ein bisschen spazieren gegangen.

Am nächsten Tag sind wir am Nussensee gewesen. Dort ist ein Gasthaus – früher war dort nur eine Almhütte. Sie steht jetzt noch. Beim Nussensee gibt es auch einen Bootsverleih. Nach dem Essen sind wir mit dem Bus zurückgefahren. Am Nachmittag war ich mit meinem Vater im Sole-Hallenschwimmbad.

Am nächsten Tag gingen wir in die Lehàr-Villa. Es war sehr schön! Dann sind wir mit dem Bus nach Strobl am Wolfgangsee gefahren. Von Strobl ging es mit dem Schiff nach Sankt Wolfgang. Am Nachmittag waren wir im Freibad. Das Wasser war sehr kalt gegen das im Sole-Hallenschwimmbad.

Am nächsten Morgen sind wir zur Rettenbachmühle gewandert. Von dort sind wir dann einen kleinen Weg hinuntergegangen zu einem Wildbach zwischen den Felsen. Er hat viele Grotten ausgeschwemmt. Von der Holzbrücke sahen die Grotten sehr schön aus. Dann sind wir noch ein Stückchen weiter in die Felsen gestiegen. Danach sind wir wieder zurückgegangen, denn wir hatten was mit Papas Kollegen verabredet. Am Abend bin ich noch mit meiner Mutter zum Heimatabend gegangen. Es war sehr schön! In der Tracht wurden Tänze vorgeführt und ein Blasinstrumentenchor spielte dazu. Um halb elf war der Heimatabend zu Ende.

Am nächsten Morgen haben wir die Koffer gepackt und dann haben wir noch einen Spaziergang an der Traun gemacht. Am Reisebüro fuhr dann unser Bus ab.

Es folgt dann noch ein kurzer Eintrag, sozusagen als Nachtrag zu diesem Urlaub, währenddessen Ingeborg das „Weiße Rössl" in Sankt Wolfgang in natura gesehen hatte und zwar vom

5.5.1976
War im „Weißen Rössl" im Kino. Ich habe meine Mutter dazu eingeladen. Es war sehr schön.

13. Urlaub im Schwarzwald Juni/Juli 1976

Es war ein heißer Sommer. Schließlich rückten die Ferien heran und sie fuhren in den Schwarzwald. Sie residierten in einem kleinen Ort. Zwei Privatzimmer hatten sie gemietet. Das Haus war am Hang und nur über Treppen zu erreichen. Ingeborg hatte zum ersten Mal ein Zimmerchen für sich allein. Sie genoss das sehr. Im nahen Park gab es oft Konzerte. Doch die waren nicht nach ihres Vaters Geschmack wie in Bad Ischl. Es war Tanzmusik, die man da aufspielte. Das war etwas für Ingeborgs Mutter, die das Tanzen doch so sehr vermisste. Sie hatte seit ihrer Jugend nicht mehr das Tanzbein geschwungen. Seit sie ihren Zukünftigen kannte, hatte sie das Tanzvergnügen gegen Theater- und Konzertbesuche eingetauscht. Ihr Bräutigam in spe versuchte sich zwar auf dem Tanzparkett, doch leider erfolglos, obwohl er ein großer Musikfan war und auch Gefühl für Musik besaß. So blickte Ingeborgs Mutter immer mit Wehmut auf das fröhliche Tanztreiben. Ihr Vater drängte immer sogleich zum Aufbruch. Ingeborg beschwor sie, zu bleiben. Schließlich, als ihr Vater sah, dass seine beiden Grazien nicht von dem Tanzgeschehen lassen konnten, ging er seiner Wege und überließ sie den Klängen des Tanzorchesters. Eine Weile standen Mutter und Tochter beobachtend am Rande des Tanzgeschehens. Da wurde ein Kreis gebildet und Ingeborg drängte ihre Mutter mit hinein. Es wurde ein neuer Tanz erlernt: der Cha-Cha-Cha. Das bereitete Ingeborg helle Freude. Endlich durfte sie auch tanzen. Doch dann formierten sich wieder Paare zum Walzertanzen. Ihre Mutter wurde von einem eleganten Herrn aufgefordert und im Walzerschritt von ihrer Seite entführt. Ingeborg blieb enttäuscht am Rande der Tanzfläche zurück, da sie kein Tänzer zum Tanz aufgefordert hatte. Wo sie doch so gerne zu den wundervollen Walzerklängen getanzt hätte! Bald schon kehrte ihre Mutter mit vom Tanz geröteten Wangen zu ihr zurück und blies unvermittelt zum Aufbruch. Sie eilten Ingeborgs Vater nach, um ihn alsbald wieder zu treffen. Das war Mariannes letzte Gelegenheit in ihrem Leben zum Tanzen gewesen.

Sie gingen auf einige Wanderungen in die nähere und weitere Umgebung. Und, was Ingeborg im Gedächtnis haften geblieben war, sie gingen oft lange Strecken, um statt der Suppe als Vorspeise eine kühle Kaltschale zu bekommen, so heiß war es damals.

Auch zu dieser Reise findet sich ein Eintrag in Ingeborgs Tagebuch:

Juni/Juli 1976
„Das indische Grabmal" im Kino gesehen.
Wir fuhren nach Bad Liebenzell. Wir mußten einmal umsteigen. Wir aßen im Kurhotel zu Mittag. Wir waren beim „Hexenfelsen". Wir waren im Monbachtal. Zwei Mal waren wir zu Fuß in Hirsau. Sonntags waren wir in Bad Teinach. Dort im Kurpark gab es ein besseres Kurkonzert als in Bad Liebenzell. Wir haben Minigolf gespielt. Wir

waren im Münster im Gottesdienst der ai und an-
schließend in der Pressekonferenz."
Es finden sich noch weitere Einträge zu dieser Ferienreise in Ingeborgs Tagebuch:

28.6.–12.7.1976
Wir fuhren mit dem Zug nach Bad Liebenzell. Ich
habe ein schönes Zimmer – eins für mich allein.
Meine Eltern schlafen zusammen im Nebenzimmer.
Die Zimmer sind schön möbliert. Wir waren gern im
Kurpark. Als erstes besichtigten wir den Ort und
waren in einer Milchbar. Wir waren zu Fuß in
Hirsau und aßen dort zu Mittag. Dann besichtigten
wir Aurelius, die katholische Kirche und die Mari-
enkapelle und marschierten durch den Kurpark. Ich
trank zum ersten Mal nach der Rückkehr von dort
eine Schorle in einem Café.
Wir waren in der Wolfsschlucht – ein Zweistunden-
marsch. Einmal besichtigten wir das Liebenzeller
Schloß und marschierten von dort aus nach Unter-
lengenhardt. Es war sehr heiß. Später spielte ich mit
meinem Vater eine Runde Minigolf.
Wir marschierten durch das Lengenbachtal nach
Beinberg und zurück nach Liebenzell, an der Len-
genbachmühle vorbei. Auf dem Rückweg aßen wir
im Hotel Adler. Dann waren wir bei der Dachsberg-
hütte. Zurück kehrten wir über Unterhangster.
Ein weiterer Ausflug führte uns ins Monbachtal und
von dort sind wir über Monakam zurückgekehrt.
Dort oben war es sehr heiß.
Ein Tagesausflug führte uns nach Pforzheim, wo wir
das Schloß und die Stiftskirche Sankt Michael be-
sichtigten, den Drei-Füße-Brunnen besuchten, uns
die katholische Herz-Jesu-Kirche anschauten, im
Stadtpark mit den schönen Wasserspielen prome-
nierten und das Schmuckmuseum im Reuchlin-
hauserkundeten.

Noch einmal wanderten wir nach Hirsau.

Als Nachtrag zu diesem Ausflug findet sie in ihrem Tagebuch einen Zeitungsartikel von 1989 mit dem Abdruck des Gedichtes von Ludwig Uhland von der Ulme zu Hirsau.
Weiter steht in ihrem Tagebuch zu lesen:

Außerdem nahmen wir an einem Tagesausflug teil. Es ging über Ernstmühl, Hirsau, Schweinbachtal, Oberreichenbach, Zettelberg, Rettenbach, Zavelstein mit Burgruine, Burgverlies und Sankt-Georgs-Kirche nach Bad Teinach. Wir sahen den Kurpark, die Dreifaltigkeitskirche – evangelisch und katholisch – , hörten uns das Kurkonzert an und aßen dort zu Mittag. Zurück ging es durch das Teinach- und Nagoldtal über Kentheim, Calw und Hirsau nach Bad Liebenzell.
Wir waren noch einmal bei der Dachsbauhütte. Zum Abschluß spielten wir noch einmal Minigolf.

19.9.1976
Der diesjährige Ausflug mit der Kirche führte uns nach Ottobeuren. Wir haben das Kloster und die Kirche besichtigt.

14. Klassenfahrt in die Nähe des Tegernsees

Einmal ging es auf Klassenfahrt in eine Jugendherberge in der Nähe des Tegernsees in Wildbad-Kreuth. Es war ein schönes altes Landhaus, in dem sie in Stockbetten in mehreren Zimmern untergebracht waren. Die Jungs logierten in einem anderen Flügel des großen Hauses. Sie spazierten durch das Ortszentrum und an einen wilden Gebirgsfluss außerhalb des Ortes. Abends saßen sie im Aufenthaltsraum zusammen, spielten und unterhielten sich. Einige führten Sketche auf. Auch Ingeborg fand Mit-spieler für einen Sketch, den sie mit anderen schon in der Stadtranderholung einstudiert hatte. Dann nahte der große Tag heran: Es sollte auf den Hausberg, den Wallberg, gehen. Die Rucksäcke wurden für die große Aktion gepackt, dann ging es los. Es ging steinige, steile Wege hinauf. Auf einem rutschte ihr Lehrer aus und stürzte. Er rappelte sich wieder hoch und es ging weiter. Oben angelangt wurde eine Pause eingelegt.Dann wurde herumgefragt, wer mit auf den Gipfel gehen wolle. Ingeborg meldete sich und schon ging es los. Dort oben lag hoher Schnee am Wegrand. Endlich war das Gipfelkreuz erreicht. Da sahen sie es schon: Es braute sich ein böses Gewitter zusammen. Sie nahmen spornstreichs Reißaus. Hastig eilten sie den Weg, den sie gekommen waren wieder hinunter. Heftige Windböen fegten von der Höhe herunter und die Wolkenformationen wurden immer bedrohlicher. Keiner hatte mehr ein Auge für den schönen Blick hinunter ins Tal. Alles hastete hinunter, nur hinunter! Sie purzelten in Schneewehen, rafften sich wieder hoch und stürmten weiter, immer auf der Flucht vor dem bedrohlichen Wetter. Sie stießen schließlich wieder auf den zurückgelassenen Rest der Klasse und bliesen zum sofortigen Aufbruch. Schon ging der Gewaltmarsch weiter bis sie endlich total ausgepowert am Fuße des Berges, ihrem Ausgangspunkt, angelangt waren — und das keine Sekunde zu früh! Gerade noch geschafft, atmeten sie erleichtert auf.

15. Weitere Schulausflüge

Einmal stand Neuschwanstein auf dem Schulausflugsprogramm. Das war Ingeborg in sehr schöner Erinnerung geblieben. Das Märchenschloss König Ludwigs II. lag malerisch in den Bergen. Auch die Besichtigungstour war sehr interessant. Weniger schön hingegen verlief eine Wanderung mit der Schulklasse. Ingeborg und einige andere standen plötzlich allein auf weiter Flur, weil die Spitzengruppe einfach verschwunden war! Keiner wusste wohin und in welcher Richtung sie weitergehen sollten. Schließlich trafen sie doch wieder auf die Führungsgruppe — also: Ende gut, alles gut? Ingeborg war erst einmal vom Wunsch, sich einer Wandergruppe anschließen zu wollen, kuriert. Obwohl sie es gerne getan hätte, ließ sie es nach dieser Erfahrung lieber bleiben.

Zu den Schulausflügen stieß Ingeborg in ihrem Tagebuch auf folgenden Eintrag:

Mit der Schule waren wir in Kempten. Es war kalt und wir hatten viel Regen. Wir machten einen Waldspaziergang. Über einen sumpfigen Bachgrund warf ich Äste, um ihn zu überqueren.

Am Sonntag waren wir zum Abschluß vor der Heimfahrt in den Andreas-Hofer-Festspielen in Altusried. Wir saßen unter Dach und Fach auf der überdachten Zuschauertribüne, die Darsteller spielten im strömenden Regen. Das Stück hat mich nachhaltig beeindruckt.

Ingeborg schmökerte noch ein wenig in ihrem Tagebuch und fand folgende Einträge:

6.5.1976
War in „Martha", einer Oper von Friedrich von Flotow.
Einen Operettenfilm „Rosen in Tirol" gesehen.

15.2.1976
Ich war in der Verdi-Oper „Die Macht des Schicksals".

1. August 1976
Habe den „Hauptmann von Köpenick" im Fernsehen gesehen.

25.8.1976
Ich sah „Abenteuer im hohen Norden" von Jack London im Fernsehen.

14.9.1976
Ich las „Der Großtyrann und das Gericht" von Bergengruen.

24.9.1976
Erwarb die „Krimkriegstrilogie" von Sir John Retcliffe."
Wir waren im „Don Carlos" von Schiller.
„Apachen" im Fernsehen gesehen.
„Shingashgook, die große Schlange", Film nach Fenimoore Coopers „Wildtöter" im Fernsehen gesehen.
Ich las „Quo vadis" von Henryk Sienkievicz.

November 1976
Sahen in der Lichtburg den Film „Zauberflöte" von Ingmar Bergman.

1.12.1976

War zum ersten Mal allein im Theater und zwar in
„Die verkaufte Braut".

November 1976

Sah den Film „Die Bande der schwarzen Feder",
eine Jungengeschichte aus der Zeit des 1. Weltkrieges.

Dezember 1976

Sah „Die Fastnachtsbeichte" im Fernsehen.
Ich las „Oliver Twist" von Charles Dickens und
„The Call oft he Wild" von Jack London und sah
„Barbara Blomberg" und „Michael Strogoff – der
Kurier des Zaren".

31.12.1976

Zum ersten Mal aufgeblieben.

Von einer Bekannten bekam ich manchmal getra-
gene Kinderkleidung. Darunter war auch einmal ein
weißes, leichtes Kostümchen, das ich sehr gerne getra-
gen habe und ich war sehr traurig, als es abgetragen
und zu eng war. Einmal stand auf ihrer Kommode
im Flur ein großes Spielzeugauto – ich besaß bis da-
hin nur kleine – schließlich durfte ich es behalten (sie
hatte es gefunden und wußte nicht, ob sich der Besit-
zer wohl noch melden würde). Als ich ein bißchen
älter war habe ich bei meiner Oma im Wohnzimmer
vor dem Buffet manchmal aus Kastanien für meine
Autos eine Straße gebaut. Schließlich endete die
kleine Sammlung in einer alten Aktentasche, mit-
samt der sie schließlich, als ich doch wohl zu groß
war, um mit Autos zu spielen, weggeworfen wurde.
Ach und wenn ich an meine Kiste für Spielzeug un-
ter dem Tisch denke – meine Murmeln und alles.
Schade, daß diese Zeiten so schnell vorbeigehen! Und
meine ganzen Konstruktionen für ein Geheimfach in

der Kiste, weil Mutti mir immer das fortnahm, was mir am liebsten war, weil sie das, nachdem hie und da etwas Neues gekauft wurde, für überflüssig hielt. Ja, da hat es wohl angefangen mit dem Konstruieren, auch wenn es damals nur bei dem Gedankenmodell blieb. Vielleicht war das auch schon die Grundlage für die Fähigkeit zum rationellen Denken, die in der Privatschule nicht vermittelt wurde. Es ist schön, sich wieder an die alten Tage zu erinnern – mein Studium der Indianer und damit Amerikas – „des Wilden Westens" bis hin zum Feuerwehr- und Polizeispielen mit dem Roller. Wie oft bin ich mit ihm und meinen Rollschuhen ums Haus und später auch ums Karre gefahren. Ab und zu wurde ich früh zum Bäcker auf der gleichen Straße geschickt, um Semmeln zu holen. Wir Kinder mußten uns immer an der Seite anstellen, weil die Bäckersfrau sagte, sie würde uns sonst übersehen. Meistens bediente uns eine der Töchter, die morgens vor der Schule beim Verkauf aushalfen. Manchmal war ich auch in der Drogerie um die Ecke auf der großen Straße, um einige Kleinigkeiten zu besorgen, die Mutti dringend brauchte. Schade, die gibt es nun nicht mehr. Auch den kleinen Tante-Emma-Laden am Ende der Ladenzeile mit dem Bäcker gibt es schon lange nicht mehr. Die Verkäuferin war immer sehr freundlich. Da haben wir uns öfters Heringssemmeln geholt – Bismarckheringe mit schönen Zwiebeln. Wir haben nur manchmal dort eingekauft, meistens gingen wir in einen der beiden kleinen Supermarktfilialen. In unseren Häusern gab es nur ein Mädchen etwa in meinem Alter. Als sie in die Schule kam, war sie nicht mehr zu sehen oder nur in Begleitung ihres kleineren Bruders. So mußte ich mich umorientieren. Im Hof gegenüber gab es eine Menge Kinder und eines Tages wurde ich eingeladen, doch hinüberzukommen. Fortan war ich immer drüben zum Spielen. Allerdings mußte ich erst *hereingelassen werden, weil man nur durch das Haus hineingelangen konnte. Auf unserer Seite des Hofes, der durch einen Zaun von den anderen abgetrennt war (ohne Tür) gab es viele Bäume und Sträucher. Die Sonne kam nur durch ein Rechteck zwischen dem Häuserviereck herein – Sonnenauf- und -untergang konnte man nie richtig sehen. Wenn ich an die vielen Vögel zurückdenke ... Es gab auch einmal ein paar Eichhörnchen im Hof – die haben wir immer am Fenster gefüttert – leider waren sie nicht lange da. Wie oft habe ich meiner Mutter wohl beim Wäscheaufhängen auf der Wiese im Sommer auf dem Dachboden im Winter geholfen? Was habe ich nicht alles ins Dämmer der mit Holzlatten abgetrennten Dachkammern und in die Dachsparren hineingeträumt? Es müßte einmal alles wieder lebendig werden vor den Augen der Erinnerung. Doch für heute will ich die Vergangenheit ruhen lassen. Es war schon viel genug, was ich aus dem tiefen See des Vergessens heraufgezogen habe, um es noch einmal zu betrachten und um es nicht mehr aus dem Gedächtnis zu verlieren. Denn jetzt, wo meine Kindheit vorbei ist, habe ich Sehnsucht danach. Letztes Jahr war noch alles vergraben – doch jetzt kommen sogar einzelne Bilder von nächtlichen Träumen wieder vor mein geistiges Auge.*

Folgendes Gedicht, das sie in ihrem Tagebuch fand, stammte zwar aus späterer Zeit, passte aber genau in diese Zeit:

Spiele, spiele
Kleine Geige.
Zeige, zeige,
Was du kannst!

Spiel mir das Lied
Von der Erinnerung.
Die Gegenwart flieht
Und gibt die Vergangenheit meinem Auge preis.

Schweig still
Und lausche
Dem höhern Will.

Bächlein rausche
Im Wiesengrund —
Die Blumen so bunt
Nicken im Frühlingswind.

Die Seele spannt
Ihre Flügel aus
Über das Land
In die Weite hinaus.

Träumt sich in ferne Tage
Erlebt neu das alte Glück.
Ach trage
Mich in die Kindertage zurück!

Der Friede der Sonnentage
Kehrt in mein Herz zurück
Mir träumt von uraltem Glück.
Mancher Traum nur ganz vage

Kehrt in mein Bewußtsein zurück.
Ach ihr schönen Tage
Kehrt mir immer wieder
In der Erinnerung. "

16. Christuskirche

Früher habe ich immer im Gottesdienst dem Spiel des Sonnenlichtes in den Glasfenstern zugeschaut. Im Chor faszinierten mich die schönen kleinen erleuchteten Bilder – das andere eröffnete mir die Weite des Himmels. Oft glitt mein Blick über das Dachgebälk, manchmal auch über die Wände und Lampen. Und auch die Orgel untermalte oft meine kleinen Träumereien – mein Verlieren im Raum. Auch im Kindergottesdiensthabe ich immer zum Fenster hinausgesehen – in einen schönen grünen Baum – manchmal sah ich die heimeligen Umrisse der Kirche sich klar und scharf gegen den Morgenhimmel abheben. Hell und blau war damals der Sonntagshimmel – hie und da glitten ein paar weiße Wolkenschiffchen dahin. Dahinaus träumte ich mich in das biblische Land. Wie viel doch aus diesem tiefen Erleben der biblischen Welt – der Geschichten der Bibel – in mir haften geblieben sind, merkte ich erst jetzt, als ich mich meiner schriftstellerischen Arbeit widmete. Ich konnte mir das ganze Geschehen plastisch vorstellen, als wenn es heute passieren würde. Nur leider dauert es ach so lange, bis ein schriftstellerisches Werk fertig ist!

III. Jugendzeit

1. Konfirmation

1977 meldete ihr Vater Ingeborg zum Konfirman-
denunterricht in seiner Wahlgemeinde an. Es war
ein moderner Unterricht. Sie lernten, Gebete selbst
zu formulieren, arbeiteten einen Ordner mit verschiedenen Themen durch und mussten nur das
Notwendigste auswendig lernen. Sie diskutierten
über verschiedene Themen und beschäftigten sich
auch mit Tod, Sterben und Nahtoderfahrungen. Gemeinsam wurde die Gestaltung des Konfirmations-
gottesdienstes erarbeitet. Zweimal ging es auf Kon-
firmandenfreizeit in ein Haus nahe einem Dorf, das
der Gemeinde gehörte. Das war eine interessante
und erlebnisreiche Zeit.
Dann rückte der große Tag heran. Ihre Mutter ging
mit ihr auf Einkaufsbummel, um sie für den Anlass
passend einzukleiden. Endlich wurden sie fündig.
Frühzeitig schon wurden die Verwandten eingeladen, doch sie zögerten lange mit der Antwort und
sagten schließlich ab. So konnte nichts reserviert
werden. Ingeborgs Mutter lud eine Bekannte ein, die
noch zwei ihrer Freundinnen mitbrachte. Als sie deren Zusage hatte, war das Lieblingslokal schon aus-
gebucht. Bei den anderen Restaurants war es dasselbe Lied. Nachdem sie schon viele abgeklappert
hatten, blieb nur noch eins übrig, das in Frage kam.
Dort gab es auch noch freie Plätze. Also wurde not-
gedrungen dort reserviert. So nahte der große Tag
heran. Anfang März 1978 war der Termin. Es war
noch recht kühl und so musste flugs noch ein pas-
sender Mantel erstanden werden. Die Kirche war bis
auf den letzten Platz angefüllt mit Eltern,

Verwandten und Gemeindegliedern und die Konfirmanden fieberten ihrem Auftritt entgegen. Ingeborg lag das Vortragen und sie las mit getragener Stimme ihren Part vor. Zwischendurch wurden Lieder aus einem Liederheft mit modernen Liedern gesungen, die sie im Unterricht gelernt hatten.

Nach dem Gottesdienst leerte sich die Kirche, nur die Konfirmanden und ihr Pfarrer waren noch da und sie nahmen nach der Ankunft des Fotografen vor dem Altar Aufstellung zum Gruppenfoto. Schließlich verließen auch die Konfirmanden, ihr Pfarrer und der Fotograf die Kirche. Ingeborg traf ihre Eltern vor dem Eingang. Ihr Vater ging zur Straßenbahn, um seine Mutter zur Feier abzuholen und ihre Mutter eilte mit Ingeborg zum Fotografen. Kurz vor Toresschluss betraten sie das Fotogeschäft. Schnell wurden noch Fotos gemacht. Dann ging es weiter zum Lokal. Auch die anderen trafen dort ein. Doch, was war denn das? Sie mussten in den Keller zu ihren reservierten Plätzen hinuntersteigen. Oben war alles gerammelt voll. Es dauerte sehr lange, bis eine Bedienung sich in den Keller verirrte und ihre Bestellung aufnahm. Ihr Vater und die Bekannte debattierten über theologische Themen. Die Großmutter war enttäuscht, weil es nicht möglich gewesen war, sie zum Gottesdienst zu holen, der ihr viel wichtiger gewesen wäre als die anschließende Feier. Endlich kam das Essen, doch es war schon kalt, als es bei ihnen im Keller anlangte. Nach dem Essen verfügten sie sich in die Wohnung zu angeregten Gesprächen bei Kaffee und Kuchen.

Gegen Abend ging Ingeborg mit ihrer Mutter die beim Fleischer bestellten kalten Platten abholen und richteten sie im Kinderzimmer her. Dann ging es ans Schmausen – die waren nämlich wirklich gut. Alles war schön arrangiert und mundete vorzüglich. Es wurde ein gelungener Abend bei interessanten Gesprächen – also: Ende gut, alles gut!

2. Tod der Großmutter

Ingeborgs Großmutter wäre so gerne beim kirchlichen Teil der Konfirmation ihrer Enkelin dabei gewesen. Da kam es wie gerufen, dass der Pfarrer den Gottesdienst aufgenommen hatte. Er überspielte den Mitschnitt auf eine Kassette, die sie dann gemeinsam mit der Großmutter anhörten. So konnte sie nachträglich an diesem wichtigen Ereignis in Ingeborgs Leben teilhaben. Das hat ihr offensichtlich sehr gut getan.

Etwa ein Vierteljahr später kam plötzlich ein Anruf von dem Altersheim, in dem ihre Großmutter lebte, nachdem sie nicht mehr in der Lage war, alleine zu leben und sie keine größere Wohnung bekommen hatten. In der kleinen, beengten Dreizimmerwohnung hatten sie sie denn doch nicht aufnehmen können. In dem Anruf hieß es, sie sollten sofort kommen. Da rief ihr Vater eine Taxe und sie eilten in das Altersheim, das in einem ehemaligen Benediktinerinnenkloster untergebracht war. Die Diakonisse vom Dienst empfing sie schon am Eingang und führte sie ins Dienstzimmer, in dem ein Licht brannte. Sie hieß sie Platz nehmen und umriss in kurzen Worten, was passiert war. Ingeborgs Großmutter war wie jeden Tag, spazieren gewesen. Sie ging oft in den ehemaligen Klostergarten mit einem Teich und saß dort auch oft auf einer Bank. Manchmal, wenn die Tür offen war, ging sie auch außerhalb der Klosteranlage an dem kleinen Flüsschen spazieren. Am Spätnachmittag war sie vom Spaziergang zurückgekehrt und noch grüßend am Schwesternzimmer vorbeigegangen. Dann war sie kurz vor ihrer Zimmertür zusammengebrochen. Seit sie eine Lungenentzündung gehabt hatte, war sie dort auf der Pflegestation und musste sich das Zimmer mit einer anderen älteren Dame teilen. Zuvor hatte sie ein Einzelzimmer gehabt. Die herbeigerufene Schwester rief den Einrichtungsarzt an. Als er kam, untersuchte er Ingeborgs Großmutter, ließ sie in ein freies Zimmer betten und so wurden sie schließlich verständigt. Die Schwester teilte ihnen mit, dass ihre Großmutter einen Schlaganfall erlitten habe. Nach dem Gespräch durften sie dann zu ihr. Sie sprachen mit ihr und sie war zwar nicht bei Bewusstsein, schien aber ihre Anwesenheit wahrzunehmen. Ingeborg erinnerte sich an ihre Besuche mit ihren Eltern in der Wohnung der Großmutter. Ein Bus fuhr in diesen Vorort hinauf. In einer Kehre war die Endstation, nicht weit von der Wohnung der Großmutter entfernt. Da gab es noch Straßenbahnschienen. Ingeborgs Mutter erzählte ihr, dass sie noch mit ihrem Vater mit der Straßenbahn zu Besuch bei den Eltern ihres Zukünftigen war. Der Großvater war ein halbes Jahr vor Ingeborgs Geburt im Schlafzimmer dieser Wohnung gestorben. Sie saßen im Wohnzimmer und es gab Kaffee und Kuchen. Die Großmutter belegte gerne Tortenböden mit Obst. Im Wohnzimmerbuffet waren Spiele untergebrach, die manchmal hervorgeholt wurden. Es gab Mensch-ärgere-dich-nicht und ein anderes Spiel mit einem zirkusähnlichen Spielbrett, das mit denselben Steinen und einem Würfel gespielt wurde. Auch Rommékarten waren vorhanden, die manchmal zum Einsatz kamen. Besonders schön waren die Sonnenuntergänge, die man durch das große Fenster beobachten konnte. Sie waren Ingeborg in lebhafter Erinnerung geblieben. Manchmal saßen sie noch eine Weile im Dämmerlicht, betrachteten den wunderschönen Abendhimmel, bevor die

Großmutter die Stehlampe in der Leseecke anknipste, die Vorhänge vorzog und die Nacht aus dem Zimmer aussperrte. Neben dem Wohnzimmerbuffet war der Kamin. Der Ofen befand sich im Schlafzimmer. Sie saßen dann um den großen Esstisch herum auf dem Sofa und den Polsterstühlen und nahmen noch das Abendbrot ein, bevor sie nach Hause zurückkehrten. Nebenan war des Vaters ehemaliges kleines Reich, noch, wie er es verlassen hatte, als er seinen eigenen Hausstand mit Ingeborgs Mutter gründete. Gegenüber der Tür stand sein Bett noch wie eh und je. Links vom Fenster der Schreibschrank, rechts ein kleines rundes Tischchen und ein Stuhl. Neben der Tür der alte gusseiserne Kohleofen.

Dann erinnerte sich Ingeborg noch an einen ihrer Besuche, wo sie alleine von der Schule zur Wohnung der Großmutter hinauf spaziert war. Es war Mittagszeit und Ingeborg durfte wählen, was sie essen wollte. Sie entschied sich für Kartoffelpuffer, die sie noch nie gegessen hatte. Der Teig wurde ausgerollt und die Puffer geformt. Dann buk sie die Großmutter in einer Pfanne. Als ihre Mutter eintraf, um sie abzuholen, verzehrten sie gerade die Kartoffelpuffer mit Apfelmus, die Ingeborg sehr mundeten.

Sie konnte sich auch noch an einige Spaziergänge erinnern, zu denen sie die Großmutter sonntags abholten. Meistens ging es durch die nahegelegene Gartenanlage, manchmal auch etwas weiter hinaus. Damals waren dort noch ein schmaler Waldstreifen und Felder auf der Höhe. Da war das Haus mit der Wohnung ihrer Großmutter das letzte des Vorortes gewesen. Gegenüber gab es nur noch einen kleinen Tante-Emma-Laden, indem sie manchmal mit der Großmutter einkaufen gingen. Später entstand daran anschließend eine ganze Neubausiedlung.

Dann kam der Umzug, die Wohnung musste geräumt werden. Ihr Vater packte Bilder, andere Erinnerungsgegenstände und Bücher in Koffer. Sie landeten dann in der Bodenkammer ihrer Wohnung — kostbare Schätze vergangener Zeiten, die ab und an entstaubt und gesichtet wurden. So manches landete im Laufe der Zeit dann unten in der Wohnung. So kam auch Vaters Schreibschrank in ihr Wohnzimmer. Vieles musste aber auch weggegeben werden, weil sie keinen Platz dafür hatten. Auch Kellerraum und Bodenkammer der Großmutter mussten geräumt werden. Ein Sänger vom Theater übernahm mit seiner Frau die Wohnung. Einmal waren sie bei den beiden in deren alter Wohnung und nach deren Einzug in die Wohnung der Großmutter bei ihnen eingeladen. Sie zeigten ihnen Bilder von fernen Ländern, Felsenküsten ... Fortan träumte Ingeborg davon, fremde Länder zu bereisen.

Dann tauchte die letzte Begegnung mit der Großmutter aus dem Strom der Erinnerungen auf, wo sie von ihrer Jugend erzählt hatte. Sie war als Älteste der Familie immer zum Helfen eingespannt gewesen, während ihre jüngeren Geschwister spielen durften.. Ihr Vater war Lokführer gewesen und nach einem Bahnunglück nicht mehr arbeitsfähig. Er war dann auch bald danach gestorben. Sie erzählte von den seltenen Gelegenheiten, an denen sie mit Soldaten auf Heimaturlaub während des ersten Weltkrieges getanzt hatte.

Nun lag sie da.

Eines nachmittags während ihres Besuches kreisten Raben um die Schornsteine auf dem Dach gegenüber. Da spürte Ingeborg auf einmal ein Ahnen, dass es zu Ende ging mit ihrer Großmutter. Sie lag noch Wochen in dem Zimmer und kam nicht wieder zu Bewusstsein. Die Ferien nahten heran. Sie hatten einen Urlaub am Starnberger See gebucht. Da sprachen sie mit dem Arzt, der das Altersheim betreute. Er riet ihnen, zu fahren, es könne noch monatelang so weitergehen. Die Schwester bot an, sich um die Großmutter zu kümmern. Schweren Herzens entschloss sich ihr Vater dazu, dass sie führen. Also wurde alles gepackt und eines schönen Tages fuhren sie mit dem Zug nach Tutzing am Starnberger See, wo es ihnen auf Anhieb sehr gefiel. Doch kaum waren sie ein paar Tage da, kam der Anruf aus dem Altersheim, dass die Großmutter verstorben sei. So besprachen sie sich mit der Zimmerwirtin, kamen überein, einen Teil des Gepäcks dazulassen und reisten nach Hause, um die Beerdigung zu organisieren. Danach kehrten sie nach Tutzing für den Rest ihres Urlaubes zurück. Da erinnerte sich Ingeborg auch daran, dass ihre Großmutter einmal gesagt hatte, ihre Konfirmation wolle sie noch erleben. Dieses Ereignis in Ingeborgs Leben war ihr noch wichtig gewesen. Im März noch hatten sie ihren 86. Geburtstag gefeiert. Daran dachten sie auch noch oft zurück.

Nach Hause zurückgekehrt schauten sie sich noch einmal die Fotos an und dachten an die Großmutter und an die Zeit mit ihr zurück.

3. Urlaube in Tutzing am Starnberger See

Sie wohnten etwas weiter weg vom See in einer Neubausiedlung. Ihr Zimmer hatte einen Balkon mit Blick in den Garten des Nachbarhauses. Immer am Wochenende erwachte es aus seinem Dornröschenschlaf, als Mutter und Tochter, die Bewohnerinnen, wieder aus dem nahen München erschienen und es mit Leben erfüllten. Die Vermieterin betrieb einen kleinen Gemischtwarenladen, in dem Vorort, dem sie einmal einen Besuch abstatteten.

Es war ein schöner Fußmarsch ins Zentrum und zum See. In den Anlagen am Seeufer gefiel es ihnen sehr. Es gab viele Enten, Möwen und Schwäne. Außerdem begegneten sie Scharen von Gänsen. Sie brachten oft Futter mit und fütterten die Wassertiere. Die Gänse ließen sich zu ihren Füßen nieder und wachten eifersüchtig darauf, dass sie genug von der Futterzuteilung abbekamen. Da konnten sie schon auch einmal schnappen. Ihr Vater nahm Ingeborg mit zum Tretbootfahren. Das hat ihr enormen Spaß gemacht.

Besonders romantisch waren ihr die Abende, die sie am Jachthafen auf einer Bank verbrachten, in Erinnerung geblieben. Der Mond zog seine Bahn, Sterne funkelten am Himmelszelt, die Segeljachten wippten im Schaukeln der Wellen, die Ankerketten klirrten und die Wellen schwappten stetig an den Strand.

Tagsüber gingen sie auf Wanderschaft um den See. So ging es über Possenhofen und Feldafing nach Starnberg und weiter nach Berg. Als Vorbereitung für diese Reise hatten sie sich mit der Biographie Ludwigs II. befasst.

Auch fuhren sie mit dem Rundfahrtschiff und lernten so die anderen Orte am See kennen.

Sie entdeckten ein Strandbad auf dem Weg nach Possenhofen. Es war nicht leicht als ein solches auszumachen und es kostete keinen Eintritt. Durch eine Hecke gab es einen Durchlass auf eine Wiese. An einer Seite gab es eine Hütte als Umkleidekabine. Allerdings durfte Ingeborg nur zwei Mal dort schwimmen, während ihres dreimaligen Sommeraufenthaltes in Tutzing. Ihre Eltern zogen es vor, zu wandern und die Umgebung zu erkunden und es war auch recht weit von ihrem Quartier entfernt.

Einmal ließen sie sich mit einem Nachen zur Roseninsel übersetzen, spazierten auf ihr herum und ließen sich wieder zurückrudern.

Ein Ausflug führte sie nach Garmisch-Partenkirchen, wo sie durchs Ortszentrum spazierten und in der Klamm waren. Das war ein überwältigendes Erlebnis für sie, über die Holzstege zu laufen und die atemberaubenden Ausblicke in die Klamm hinunter waren höchst beeindruckend.
Da Ingeborg ja Geige spielte, zog es sie nach Mittenwald. So bat sie ihre Eltern, einen Ausflug mit ihr dorthin zu unternehmen. Endlich war es so weit. Diese Exkursion ist ihr in bleibender Erinnerung geblieben. Mit der S-Bahn ging es bei schlechtem Wetter und auch sonst nach München hinein, wo es für sie viel zu entdecken gab. Wenn das Wetter besser war spazierten sie in den Englischen Garten, sonst ging es auf Stadtbummel. Einmal statteten sie der Alten Pinakothek mit ihrer umfangreichen Gemäldesammlung einen Besuch ab. Ein anderes Mal ging es ins Lenbachhaus mit seiner Ausstellung „Der blaue Reiter", die sie nachhaltig beeindruckte.
So lesen sich Ingeborgs Eintragungen in ihrem Tagebuch über die Urlaube am Starnberger See:

26.8.79
Gestern waren wir in München. Über die breiten Straßen, am Fuße der hohen Häuser dieser Stadt nahmen wir unseren Weg zum Englischen Garten. In den Häuserschluchten empfanden wir direkt Wärme, während es dort, unter den alten, dichten Bäumen ein wenig zog. Die Bäche, die diesen Garten durchzogen überquerend kamen wir zur linken Seite des Parkes und verließen ihn über eine romantische Brücke im Dunkel der schattenspendenden Bäume. Wir erreichten den See über die Straßen eines anderen Stadtteiles. Viele Wassertiere hielten ihr Stelldichein in diesem See. Durch die dunkelnden

*Straßen hasteten wir dem Stachus zu durch den eilenden Strom der Menge. Bei den Wasserspielen am
Stachus suchten wir uns den Weg zum Lenbachplatz
und zum Kino. Wir sahen den DDR-Film: „Das
Versteck". Durch die nächtlichen Straßen, schlenderten wir am Stachus vorbei und aßen in einem alten
Gasthaus zu Abend. Anschließend begaben wir uns
in die Unterwelt der S-Bahn-Station, um nach
Tutzing zurückzukehren.
Vorgestern waren wir in Schloß Schleißheim. Es gab
eine Bilderausstellung. Die kleine Hauskapelle hat
mir und meiner Mutter besonders gut gefallen.*

30.8.79

*Ein lauer Sommertag.
Ein kleiner Kahn gleitet über den stillen See.
Seine Wellen spielen im Lichtgefunkel.
Wiesen ziehen vorüber: da, ein Reh
Steht in der Dämmerung, im Dunkel.*

Impressionen von einem schönen Urlaub am Starnberger See.

Das schrieb ihr ihr Vater ins Tagebuch.

30. August 1979

Eine kleine Rose

*Sanft öffnet sich im Morgentau
Eine dicke Knospe im warmen Licht.
Sie ist blutrot und lacht jugendfrisch in des Himmels
Blau.
Nach Tagen komm' ich wieder;
Zur Erde neigt sich ihr altes Gesicht.*

Ausklang des Urlaubs 1979.

Diese Zeilen schrieb ihr ihre Mutter hinein.

31.8.79

Ein schöner Seeweg führte uns fast bis Starnberg.
Sanft und beruhigend wogte der See.

Himmlische Freude, Leichtigkeit in endloser Weite
(Goldener Herbst und Christfest)

Blau leuchtet das Himmelszelt.
Helles Licht strahlt durch des Laubes Feuer.
Zierliche Wege verlocken zum Wandern.
In der blaugrauen Weite stehen Ruinen, altes Ge-
*   mäuer.*

Etwas von Frieden
Liegt in diesem Bilde,
Lichte Freude schwingt mit in diesem schönen
*   Herbsttage.*
Tramverlorene Blicke schweifen aus in Himmelsge-
*   filde.*

Leise rauscht ein Bach
Durch das moosgesäumte Bett.
Eine leise Trauer schaut aus seiner Melodie hervor.
Eine lichtdurchwirkte Allee öffnet ein goldenes Tor
In weite Himmelsfernen.

Dieses alles liegt verborgen in meines Herzens
*   Schrein*
Und daraus lösen sich unterm Christbaum Wärme
*   und Himmelsweite.*
Beim Klang der bekannten Lieder und beim Schwei-
*   gen, dem Flackern der Kerzen Schein*
Ganz allein mit mir selbst."

*Die Berge grüßen mich
Im flirrenden Himmel.
Das Land schweigt,
Nur mein Schimmel
Schnaubt in die Stille hinein.*

*Die Sonne wandert stetig dahin,
Ein Bach begleitet meinen Weg
Das Wasser glitzert im Licht.
Die Hufe berühren den Steg
Und der Zauber ist vorbei.*

*Die Berge sind in Flammen getaucht,
Der Wald liegt da und schweigt
Und der Vögel Nachtlied
In die Weite steigt
Und der Feuerball versinkt.*

*Ein Dorf liegt im Abendfrieden
Ein einsamer Vogel zieht seine Kreise
Aus den Wiesen kommt der Wind
Und zieht leise
Über die zitternden Gräser hin.*

*Abendglockenklang
Zieht über das stille Land.
Im Wiesengrund
Liegt des Flusses Band
Und alles schweigt und lauscht des Wassers nächtlicher Melodie.*

12.2.80

Ich habe begonnen, mir selbst Geigenstunden zu erteilen. Mag sein, daß das ungewöhnlich klingt. Auch meine Xylophon-Kenntnisse fange ich an zu erweitern, doch ich fürchte, daß es bald nichts mehr gibt, was ich spielen könnte. Zur Zeit haben wir Weben in der Schule, eine sehr interessante Epoche, vor allen Dingen bereitet es mir langsam Spaß, immer nach neuen Einfällen ohne Entwurf zu arbeiten (Wandbehang aus selbstgesponnener Wolle). Ich muß dabei immer an die Weber denken, die so ihr Brot verdienen mußten und habe dabei das Bild der Hauptmann'schen „Weber" vor Augen.

18.8.80

In der Zwischenzeit war Vaters Freund aus Wien mit seiner Frau bei uns zu Hause am Wochenende des 2. und 3. August. Wir verbrachten mit ihnen einen gemütlichen Abend und am nächsten Tag zeigten Vati und ich ihnen die Stadt.
Inzwischen habe ich drei Wochen im Kinderfreizeitheim gearbeitet, wo es dann am Samstag noch Schwierigkeiten mit der Vergütung gab, die ich aber meisterte.
Und nun sind wir wieder in Tutzing. Wir haben hier sehr schöne Tage verbracht. Traurig ist nur, daß der Urlaub nun schon zu Ende ist. Schon Morgen müssen wir Tutzing wieder verlassen und ich weiß, daß eine schwere Zeit bevorsteht.
Dieses Jahr waren wir endlich einmal in Mittenwald, was voriges Jahr nicht mehr geklappt hat. Wir haben das Geigenbaumuseum besichtigt und die Stadt selbst. Glücklicherweise hatten wir wunderbares Wetter erwischt. Die Sonne lag den ganzen Tag auf dem Karwendelgebirge, das gleich vor dem Bahnhof in die Höhe ragt. Als wir ankamen machten wir uns

*gleich auf den Weg in die Klamm. Sie liegt bereits im
Tirolerischen drüben und ein Steg macht sie gangbar.
Die Gewalt des Wassers hat eine tiefe Schlucht aus-
gegraben und gräbt immer noch im Gestein des Felsen. Grotten liegen dunkel im Fels – und dann
kommt der Wasserfall, der von der Höhe in die Tiefe
braust. Ganz schmal ist der Ausblick zwischen den
Felsen, wogegen nach unten das Bett sich verbreitert.
Felsinseln, im Grunde vom klaren Bergwasser um-
tost, brechen die Wassermassen.*

Das waren ihre drei Aufenthalte in Tutzing am
Starnberger See.

4. Gruppenleiterin bei der Stadtranderholung

Ingeborg wurde von der Vikarin ihrer Gemeinde
eingeladen, an einem Einführungskurs in die Jugendarbeit beim CVJM teilzunehmen. Dieser fand
einige Monate lang im Haus des CVJM statt. Einen
Abend pro Woche trafen sie sich dort, um sich mit
verschiedenen Themen zu befassen. Der Kreis der
jugendlichen Interessenten war groß. Es gab Vor-
träge, anderes wurde in Arbeitsgruppen erarbeitet.
Als Abschluss fuhren sie in ein Ferienheim im Allgäu, wo Ingeborg schon einmal drei Wochen verbracht hatte. Es war idyllisch oberhalb eines Dorfes
gelegen. Es gab Kuhweiden, die man durchqueren
konnte. Auch gingen sie ab und zu in den Ort hinunter. Immer zu zweit durften sie das Gelände verlassen und die Gegend erkunden. Ingeborg war damals vierzehn Jahre alt. Es gab auch ein Hallenbad,
in dem sie schwimmen durften. Besonders schön
war es morgens, wenn die Natur erwachte. Die Mor-
genröte mit ihren Pastelltönen hauchte zarte Farben
an den Himmel über den tiefeingeschnittenen

Bergen. Die Vögel begannen ihr Morgenlied. Die Sonnenstrahlen stahlen sich zum Fenster herein und wärmten die noch kühle Morgenluft. Untertags gab es ein interessantes Programm. Etwa nach der Hälfte der Zeit wurden die Eltern zu einem Besuch eingeladen. Ingeborgs Eltern wollten erst nicht kommen, weil es schwierig war, ohne Auto dorthin zu gelangen. Schließlich erschienen sie doch, wenn auch verspätet. Ingeborg hatte nicht mehr mit ihrem Erscheinen gerechnet. Es war schwierig gewesen, den Weg vom weit entfernten, einsamen Bahnhof zu dem Haus zu finden. Sie hatten Weiden überqueren müssen. Dort gab es Treppchen über die Zäune. Einmal waren sie von einem Stier angegriffen worden und konnten sich gerade noch über den Zaun retten. Ein anderes Mal hatten sie sich heillos verlaufen. Deshalb war es so spät geworden. Sie fürchteten sich abends vor dem Rückweg und brachen dann auch bald wieder auf. Furcht beschlich Ingeborg. Da sie damals noch keinen eigenen Telefonanschluss hatten, konnten ihr ihre Eltern nicht versprechen, sie noch am selben Abend anzurufen, weil sie nicht wussten, wann sie ankommen würden und ob sie dann noch von den Nachbarn aus anrufen könnten. Ingeborg verbrachte eine furchtbare Nacht in Angst und Schrecken. Endlich, nach dem Frühstück, kam der erlösende Anruf. Sie hatte sich so gefreut, dass sie gekommen waren, doch als sie von dem gefährlichen Anweg erzählten, wäre sie froh gewesen, sie wären nicht gekommen! Die Gruppen fuhren immer mit einem angemieteten Bus.
Die Vikarin kam noch einmal zu ihren Eltern, um Ingeborg zum Grundkurs in Jugendarbeit einzuladen, wo sie eine ganze Woche dort im Allgäu verbringen würden. Nach der Absolvierung dieses Kurses meldete sich Ingeborg als Gruppenleiterin für

die Stadtranderholung. Morgens fuhr sie in einem der Sonderbusse dorthin, der die Kinder abholte und sie hatte somit gleichzeitig die Aufsicht im Bus. Das war nicht immer leicht. Ein Mädchen weinte am ersten Tag und wollte sich nicht von seiner Mutter trennen. Sie nahm es unter ihre Fittiche und lenkte es ab. Bald schon versiegten die Tränen der Kleinen und als sie ankamen, spielte das Mädchen bald fröhlich mit ihrer Gruppe. Ingeborg musste nun ein Programm für ihre Gruppe erarbeiten, wie sie es in den Vorbereitungskursen gelernt hatte. Das bereitete ihr viel Vergnügen. Das Waldheim war auf einer Anhöhe über dem Tal untergebracht.

Wenn die Gruppenleiter Mitarbeiterbesprechung hatten, fuhren sie nicht mit den Bussen zurück in die Stadt. Nach der Abfahrt der Kinder hatten sie noch Zeit bis zum Beginn der Veranstaltung. So ging Ingeborg mit einer anderen Gruppenleiterin, mit der sie sich angefreundet hatte, in der Umgebung spazieren. Es war eine wildromantische Gegend mit Felseinschnitten und Felsnasen, die steil aufragten. Im Tal plätscherte ein Bächlein munter dahin. Wenn sie ins Tal hinunter zu einer Siedlung wollten, mussten sie an einem Platz vorbei, auf dem hinten an den Felsen geduckt, Wohnwagen von Zigeunern standen. Von Ferne konnten sie dem Treiben der Zigeuner zuschauen. Es war ihnen unheimlich, am frühen Abend dort vorbeizugehen. Sie beeilten sich jedes Mal und waren froh, wenn sie die Siedlung am Bachlauf erreicht hatten. Als sie so eines abends durch die Siedlung schlenderten, trafen sie auf einen Arbeitskollegen von Ingeborgs Vater, der auch mit seiner Frau zur gleichen Zeit mit ihnen in Bad Ischl war. Er war gerade in seinem Vorgarten beschäftigt, unterbrach jedoch seine Arbeit und lud sie ein, ins Haus zu kommen. Sie bekamen etwas zu Trinken und zu Essen angeboten. Und dann zeigte er ihnen seine Dias von Bad Ischl, wo auch ihre Eltern und sie zu sehen waren. Da stellten sie fest, dass es schon spät war. Eilig verabschiedeten sie sich. Da es schon dunkel wurde, wagten sie nicht, den kürzeren Weg zurückzugehen, den sie gekommen waren. Sie mussten vorneherum am griechischen Lokal vorbei den Aufstieg im Eiltempo bezwingen. In allerletzter Minute stürmten sie in den Saal und nahmen ihre Plätze ein. Am letzten Tag erhielten sie ihre Aufwandsentschädigung. Das war ihr erstes selbstverdientes Geld, abgesehen von den fünf Mark als Helferin beim Orgelstimmen.

5. Kinderkreuzzug

Eines Tages erging ein Aufruf an alle Schulen: Es wurden Laiendarsteller für den Kinderkreuzzug gesucht. Im Frühjahr 1212 machten sich tausende von Kindern, Jugendlichen und Erwachsenen aus Deutschland und Frankreich unter Leitung eines visionären Knaben Nikolaus aus Köln auf zum unbewaffneten Kreuzzug ins Heilige Land. Pfingsten 1212 rief Papst Innozenz III. dazu auf. Nach dem Zug über die Alpen blieben etliche in Italien hängen, andere kehrten in die Heimat zurück. Ein Teil kam bis Genua. Schlechtgesinnte Kaufleute organisierten Schiffe für sie. Zwei von ihnen gerieten in einen Sturm bei Sardinien und sanken. Zwei davon gelangten nach Bejaja, Alexandrien und Bagdad, wo die lebendige Fracht in die Sklaverei verkauft wurde. Aus diesem Stoff war ein Historienspiel geschrieben worden und eine Dramaturgin am Stadttheater suchte nun Kinder und Jugendliche als Darsteller. So machte sich auch Ingeborg zusammen mit einer Klassenkameradin zum ersten Treffen der

Interessierten auf, wo sie Näheres über die geschichtlichen Hintergründe erfuhren und eine Textprobe ausgeteilt bekamen. Nun wurden nacheinander Kandidaten für die Hauptrollen ausgewählt und auf Tauglichkeit für die Rollen geprüft. So wurde Ingeborg für die Rolle des Papstes ermittelt. Abschließend wurden noch die nächsten Probentermine bekanntgegeben. Nach und nach erhielten sie den gesamten Text des Stückes ausgehändigt, das sie in vielen interessanten, aber auch anstrengenden Sitzungen in den folgenden Wochen zusammen mit ihrer Dramaturgin in den Probenräumen des Theaters einstudierten. Zu Hause lernte Ingeborg fleißig den Text auswendig. Dann wurden sie eingekleidet und probten schon einmal auf den auf den verschiedenen Plätzen der Stadt aufgebauten Bühnen. So rückte der Aufführungstermin immer näher. Nach wochenlanger, intensiver Probenarbeit schließlich nahm das Spektakel seinen Lauf beginnend auf dem Platz vor der größten Kirche der Stadt. Dann ging es weiter auf andere Plätze und endete schließlich am Ufer des Flusses. Die schaulustige Menge drängte sich um die Bühnen. Ingeborgs Vater schoss Fotos, es erschien ein Artikel mit Bildern in der Tageszeitung. Ingeborg lag die Schauspielerei sehr. Sie lernte auch einige Mitspieler näher kennen, die sie später wieder treffen sollte.

Zum letzten Mal spazierte sie ins Theater zum Hintereingang, der den Künstlern vorbehalten war, um sich an der Kasse ihre Gage abzuholen.

Folgendes steht in ihrem Tagebuch dazu zu lesen:

Nun ist auch der Kinderkreuzzug vorbei. Ich habe Freude daran gehabt. Vom ersten Teil waren die Leute begeistert. Ich habe versucht, würdevoll langsam zu sprechen. Und das scheint mir gelungen zu sein. Eine Schulkameradin tauchte plötzlich mit ihrer Mutter auf, als wir gerade im Abstieg begriffen waren – zwischen erster und zweiter Szene. Beim letzten Teil habe ich einmal nicht weiter gewußt und die Einsagen waren zu leise. Doch dann ging alles gut, bis auf einige Improvisationen. Wir haben den ersten Teil sehr intensiv geprobt und hatten auf einmal für den letzten Teil irgendwie nicht mehr genug Zeit. Ich hoffe man hat nichts gemerkt. Mir macht das Schauspielern doch so Spaß!

6. Taizé

Ingeborg erlernte Englisch und Französisch von der ersten Klasse an in der Schule. Das bereitete ihr viel Freude. Bald schon begann sie, sich Kinderbücher in den Fremdsprachen aus der Leihbücherei auszuleihen und zu studieren. Später folgte schwerere Kost in Form von Büchlein von Easy Reader mit Worterklärungen vermittels Zeichnungen oder mit Erklärungen in der Fremdsprache versehen. Sie verschlang sie in verschiedenen Schwierigkeitsgraden und wagte sich schließlich an Werke wie „Der Glöckner von Notre-Dame" von Victor Hugo in der Originalsprache und in Englisch Werke von Daphne du Maurier, Shakespeare und anderen.

Im Herbst des gleichen Jahres wie Kinderkreuzzug und Stadtranderholung gab es in der Kirchengemeinde, in der sie konfirmiert worden war und jede Woche in die Neukonfirmiertengruppe ging, wo sie zusammen bastelten und sich mit verschiedenen Themen befassten, ein Angebot zu einer Reise nach Taizé, dem Symbol der ökumenischen Bewegung. Taizé ist ein Ort nahe der ostfranzösischen Stadt Cluny, Sitz einer geistlichen Gemeinschaft, einer ökumenischen Bruderschaft, die zum Treffpunkt für Jugendliche aus aller Welt wurde. Außerdem gab es auch Treffen außerhalb Taizés. Die erste Zusammenkunft fand 1978 in Paris statt. So ging es denn in den Herbstferien dieses Jahres los nach Frankreich. Der Bus brachte sie zunächst nach Genf am Genfer See, wo sie etwas außerhalb in einer Jugendherberge übernachteten. Abends zogen sie in Grüppchen los ins Zentrum. Im Finstern gelangten sie schließlich auf Holzstege über die Rhône. Ein Grüppchen nach dem anderen trennte sich von der größeren Gruppe und verschwand in einem Lokal. Da Ingeborg keine Schweizer Franken besaß, nur französische für den Aufenthalt in Frankreich, konnte sie nicht mit hineingehen. Als die letzten verschwanden, beschloss sie, vor dem Lokal zu warten. Doch niemand kam wieder heraus. Endlich gabelte sie ein anderes Splittergrüppchen mit einer der Begleitpersonen auf und nahm sie mit in ein Café. Ein Mädchen legte ihr das Geld für eine Eisschokolade aus. So konnte auch sie diesen Abend noch genießen nach der langen, vergeblichen Warterei auf der Straße. Allmählich wurde zum Rückmarsch geblasen und einige Grüppchen formierten sich wieder zu einer größeren Gruppe. Da bemerkten sie plötzlich, dass sie nicht mehr genau wussten, wie sie zurück gelangen konnten. Schließlich spaltete sich die Gruppe in zwei Grüppchen auf. Auf einmal war Ingeborg mit dem Busfahrer allein, der Annäherungsversuche unternahm. Sie tat so, als bemerke sie es nicht und als sie um eine Ecke bogen, machte sie erleichtert einen anderen Teil der Gruppe aus, der gerade um eine andere Ecke bog und da war auch schon die Ju(gend)he(rberge) erreicht! Am nächsten Morgen ging es weiter. Schließlich trafen sie in Taizé ein. Es bildete sich eine Schweigegruppe, die in einer Häusergruppe verschwand, der größere Rest wurde einem der großen Zelte zugewiesen, die auf einer großen Wiese aufgebaut waren, wo sie ihre

Schlafsäcke und ihr Gepäck auf Brettern platzierten. Später traten sie dann zur Geländebesichtigung und zur Essensausgabe an. Die Mahlzeiten wurden im Freien eingenommen. Sie mussten sich an-stellen und auf Tischen standen Töpfe und Schüsseln bereit, aus denen ihnen zugeteilt wurde. Es gab oft gekochten Stockfisch mit Brot. Am ersten Abend ging es anschließend zum Gottesdienst in die Kirche. Der Leiter der Kongregation und andere Brüder sprachen. Ingeborg verfolgte alles auf Französisch. Kerzen flackerten im Luftzug, Lieder wurden gesungen. Schließlich zogen sie hinaus ins Freie. Es war schon dunkel geworden und sie strebten den Unterkünften zu. Ingeborg schlüpfte wie ihre Kameraden in den Schlafsack und schlief erschöpft von den neuen Eindrücken ein. Gegen Morgen erwachte sie von der Kälte, die durch den Hauptraum des Zeltes zog und in den Schlafsack hereindrang. Sie konnte einfach nicht mehr einschlafen. Schließlich kroch sie aus dem Schlafsack heraus und erhob sich. Sie ging nach draußen und suchte erst einmal die Toiletten auf. Es waren Wagen in einiger Entfernung aufgestellt. Sie stieg die Treppe hinauf und öffnete die Tür. Links gab es eine Reihe Waschbecken, rechts waren die Türen zu mehreren Toilettenkabinen. Sie öffnete eine davon und trat ein. Doch was war denn das? Es gab nur ein Loch im Boden und rechts und links davon eine Erhöhung in Fußgröße. Daran musste man sich als erstes gewöhnen. Anschließend ging sie erst einmal spazieren. Sie erkundete das Terrain. So entdeckte sie auch einen kleinen Laden, dem sie später einen Besuch abstatten wollte. Nach ihrer Rückkehr erwachten auch die anderen nach und nach und strebten den Wasch- und Toilettenwagen zu. Sie schlüpfte zurück ins Zelt und fischte ihre Kosmetiktasche aus ihrem Gepäck und reihte sich in die Schlange am Wagen ein, um sich auch zu waschen und fertig zu machen. Dann marschierte ihre Gruppe geschlossen zum Früh-stück. Anschließend wurden Zettel verteilt mit den angebotenen Gesprächsgruppen in den Zelten. Es gab Angebote in verschiedenen Sprachen. Manches war zweisprachig. Sie studierte die angebotenen Themen und traf ihre Wahl. So gelangte sie in eine deutsch-französische Gruppe und konnte auch gleich ihre Französischkenntnisse anwenden und aufbessern. Anschließend war noch etwas Zeit bis zum Mittagessen und sie beschloss, den Laden aufzusuchen. Es gab Getränke, Esswaren und auch Bücher in verschiedenen Sprachen. So stöberte sie eine Weile im Buchangebot und erwarb ein französisches mit spirituellen Gedichten eines Bruders der Kongregation. Nach dem Mittagessen spazierte sie in den Ort hinunter, schlenderte bis zur Straße hinab und ging schließlich in einen der Läden. Nun galt es, ihr Französisch anzuwenden. Der Ladenbesitzer war nicht so leicht zu verstehen, wie der junge Mann im Laden der Gemeinschaft. Aber irgendwie klappte die Verständigung. Schließlich marschierte sie zurück und stattete noch der Kirche im Ort einen Besuch ab. Sie war ganz allein und genoss die Stille nach der Hektik des Lagers oben auf dem Hügel. Die Häuser des Ortes waren aus Steinen errichtet, die ohne Mörtel zusammengefügt waren. Schließlich war sie zurück und strebte zur Chorprobe in die Kirche. Sie hatte sich entschlossen, sich dem Chor anzuschließen, wie ein paar andere ihrer Gruppe auch. Es wurden ein paar Lieder einstudiert. Jeden Abend gab es einen Gottesdienst, wo der Chor gebraucht wurde. Einmal brachen sie zu einer Wanderung über die umliegenden Dörfer auf, wo sie auch die Kirchen besichtigten. Sie waren einfach und doch in ihrer Schlichtheit so schön. Die hügelige Landschaft mit den aus alten

Steinhäusern bestehenden Dörfer gefielen ihr sehr. Untertags war es sehr heiß und in der Nacht wurde es empfindlich kalt. Im Zelt erwachte sie schon frühzeitig und konnte wegen der Kälte nicht mehr einschlafen. Einige der Gruppe mit ihrem Betreuer hatte einen offenen Raum, der beheizt wurde, gefunden, wo auch sie für die Nacht Unterschlupf fand. Endlich konnte sie wieder richtig durchschlafen. Sie streckte sich wohlig aus in ihrem Schlafsack und ließ sich ins Reich der Träume entführen, deren Sprache inzwischen Französisch war. Sie liebte diese Sprache sehr. In der letzten Nacht wurden sie unsanft geweckt. Ein Bruder stand plötzlich im Raum und leuchtete ihnen mit einer Lampe einem nach dem anderen ins Gesicht. Er scheuchte sie aus dem Raum. Er erklärte, es sei verboten, in einem dieser Räume zu übernachten! So standen sie schließlich schlaftrunken langsam auf, packten unter seiner Aufsicht ihre Sachen zusammen und verließen den Raum mit seinem schönen, warmen Ofen. Bedauernd warf Ingeborg noch einen wehmütigen Blick zurück. Der Bruder ermahnte sie zur Eile. So standen sie schließlich bibbernd im Freien mit ihren Sachen. Glücklicherweise war es sowieso der Abfahrtstag und nach einer endlos erschienen Weile tauchte der Bus auf, fuhr vor und nahm die frierende Gesellschaft auf.

Alle fielen in einen seligen Schlummer im warmen Bus. So kurvten sie durch die schöne französische Landschaft. Ingeborg wurde irgendwann wach und blickte nach draußen. Doch was war das? Da kreuzten sich ja zwei große Straßen! Selbst für die frühe Morgenstunde war schon relativ viel Verkehr. Wie war sie erleichtert, als sie diese Stelle passiert hatten. Erst danach konnte sie die wunderschöne Morgenstimmung, die ihre zarten Farben über die paradiesische Landschaft ausgoss, wieder genießen. Ein, zwei Jahre später war es genau an der Stelle zu einem schweren Unfall gekommen, bei dem viele, von einer Ferienkolonie mit Bussen heimkehrende Kinder getötet wurden. Irgendwann erreichten sie das Elsass und hielten in einer Ortschaft an. Der Bäcker hatte geöffnet. Es war Sonntag Morgen und sie kehrten zum Frühstücken ein. Danach fuhren sie durch nach Hause. Es war eine interessante und erlebnisreiche Zeit, die sie in Taizé verbracht hatten. Ingeborg vertiefte sich in die Lektüre des französischen Buches und anderer des Leiters der Gemeinschaft und erhielt auch noch lange regelmäßige die Rundbriefe von dort mit interessanten Artikeln.

7. Gitarrenspiel

Von dem Geld, das Ingeborg bei der Stadtranderholung und beim Theater verdient hatte, erfüllte sie sich einen langgehegten Kindheitstraum und erwarb eine Konzertgitarre mitsamt Tasche und Lehrbuch zumSelbststudium. Nun machte sie sich daran, das Gitarrenspiel zu erlernen und übte fleißig jede freie Minute. Fortan ließ sie sich Noten zum Geburtstag und zu Weihnachten schenken und spielte Stücke großer Gitarrenkomponisten. Besonders die spanischen und italienischen Werke hatten es ihr angetan. Sie begann, auch selbst zu komponieren. So hatte sie ein neues Hobby für sich entdeckt.

8. Kunst

Ingeborgs Vater war sehr interessiert an Kunst und
so begann auch sie sich dafür zu interessieren. Sie
waren zu dritt in München und Nürnberg in Kunstmuseen und ihr Vater erklärte Ingeborg die Bilder,
die sie sich anschauten. Sie genoss auch einen guten
Kunstunterricht an der Schule. So lernten sie viel
und Ingeborg begann auch, ihre Epochenhefte mit
passenden Zeichnungen auszugestalten. Mal- und
Zeichenunterricht wurde an der Schule groß geschrieben. Sie erfuhr viel und entwickelte schon bald
zu Hause ihren eigenen Stil. Während der Ferienauf-
enthalte begann sie, Skizzen anzufertigen und zu
Hause entstanden aus dem Material mit Ölkreiden
kolorierte Tuschezeichnungen. In der Oberstufe
entführte sie ihr Kunstlehrer mit Hilfe von vielen
Dias in wichtige Kunstmuseen auf der Welt und
seine Erklärungen waren sehr instruktiv. Ingeborg
begann, sich auch mit Malerei zu befassen.
Auf ihren Reisen besuchte sie auch viele Museen
und holte sich so auch neue Anregungen für ihr eigenes künstlerisches Schaffen.
Während ihrer Studienzeit beschäftigte sie sich mit
den Biographien und Werken vieler Maler.

9. Schulwechsel

In der 11. Klasse beschloss Ingeborg, auf ein staatli-
ches Gymnasium überzuwechseln. Mit ihrem Vater
zusammen begann sie, sich zu erkundigen und
wurde bald schon fündig. Da die Ferien nicht über-
einstimmten, erhielt sie die Gelegenheit, eine Woche
bereits die neue Schule zu besuchen und einen Teil
ihrer zukünftigen Klassenkameraden bereits ken-
nenzulernen. Bei dieser Gelegenheit traf sie auch alte

Bekannte vom „Kinderkreuzzug" wieder. Eine bot ihr an, sie den Unterrichtsstoff in den wichtigen Fächern mit verfolgen zu lassen und sie erhielt so die Chance, sich überhaupt auf die Aufnahmeprüfung vorbereiten zu können. Es folgte ein strenges Jahr mit Doppeltlernen und ab und zu einem Besuch in der neuen Klasse. Dann rückte der Termin der Aufnahmeprüfung immer näher. Zu guter letzt erwischten sie noch die Windpocken, die gerade grassierten. Glücklicherweise war der Spuk bis zum festgesetzten Termin vorbei und sie konnte zur Prüfung antreten. Die erste Runde fand im Lehrerzimmer statt, weil der Prüfer Unterricht hatte, sie so aber unter Beobachtung war, weil immer jemand anwesend war. In Gemeinschaftskunde konnte sie punkten, weil sie sich privat schon zufällig mit dem Thema beschäftigt hatte. Sie hatte es gar nicht vorbereiten können. Auch an ihrem 18. Geburtstag hatte sie den ganzen Tag Prüfung und konnte nicht feiern. Der nächste Lehrer sperrte sie in ein leeres Klassenzimmer ein, weil er sonst keine Lösung für die Aufsicht sah. So konnte sie zwar ungestört arbeiten – im Lehrerzimmer war es doch unruhiger gewesen – aber er kehrte und kehrte nicht zurück. Irgendwann glaubte Ingeborg schon, er habe sie vergessen. Endlich hörte sie den Schlüssel im Schloss und atmete erleichtert auf. Er erklärte, er sei aufgehalten worden. Nun folgte noch die mündliche Prüfung – erst dann war sie für diesen Tag entlassen. Am nächsten Tag absolvierte sie die nächste schriftliche Prüfung zusammen mit Schülern, die eine Arbeit nachschreiben mussten. Zum Abschluss wurde sie in diesem Fach auch noch mündlich geprüft. Endlich war alles absolviert und nun kam die Zitterpartie des Wartens auf das Ergebnis. Für sie hing alles davon ab, denn die Mutter einer Mitschülerin hatte sie gesehen und sie hätte im Falle des Nichtbestehens auch nicht auf der Privatschule bleiben können! Lange saß sie innerlich zitternd im Lehrerzimmer und wartete, zum Rektor vorgelassen zu werden. Endlich war der letzte berichterstattende Lehrer gegangen. Da endlich öffnete sich die Tür und sie wurde hereingerufen. Das Lächeln, mit dem er sie empfing, sagte ihr alles und sie atmete erleichtert auf. Sie hatte es geschafft: Sie durfte in der 12. Klasse anfangen mit dem kommenden Schuljahr – ohne eine Klasse zu wiederholen! Nun blieb ihr nur noch, ihre Leistungskurse zu wählen und das dritte und vierte Prüfungsfach. Sie entschied sich für Religion und Biologie als Leistungskurse, Französisch als drittes und Deutsch als viertes Prüfungsfach. Nun hieß es warten! Die Kardinalfrage war: Kam der Leistungskurs Religion zustande oder nicht? Bald kam das Ergebnis: Es würde einen Leistungskurs Religion in Kooperation mit einer anderen Schule geben. So war alles geritzt, was ihre schulische Zukunft betraf.

Schließlich blieb ihr noch der Gang nach Canossa in ihre alte Schule für die restlichen Wochen des 11. Schuljahres. Einige wussten vage etwas durch die Mitschülerin, andere nicht. Ihr Lieblingslehrer fiel auf die Lektüre des Schreibens ihres Vaters hin, das sie ihm am Anfang der ersten Unterrichtsstunde überreichte, aus allen Wolken. Er brauchte einen Moment, um sich zu fassen. Die letzten Wochen an der alten Schule waren nicht einfach für Ingeborg, aber glücklicherweise wusste sie ja, wie es weitergehen würde. Und dann winkten ja auch noch vierzehn Tage Urlaub!

Ihr 18. Geburtstag war in diesem Trubel fast ganz untergegangen. Als sie an diesem Tag von der Prüfung heimkam, wartete ein Stück Kuchen auf sie, das sie von der Anstrengung hungrig und mit Genuss verzehrte. Es war etwas Besonderes für sie. Ab und zu buk ihre Mutter, aber nur selten, wie eben zu diesem Anlass, gab es ein Stück Kuchen vom Bäcker. Sie saß bei ihrer Mutter in der Küche und berichtete vom vergangenen Tag. So überraschte sie der vom Büro heimkehrende Vater und beglückwünschte sie zum Geburtstag.

In Ingeborgs Tagebuch finden sich noch einige Gedanken zu ihrem Schulwechsel:

Ich muss noch einmal an meine Vergangenheit – denn in mein Leben ist nun ein Wendepunkt getreten. Mein Mathelehrer schien tief getroffen davon, daß ich fortgehe. Er kann es noch gar nicht fassen. Er macht sich Sorgen um meine Zukunft. Ich habe das Gefühl, daß mein Französischlehrer doch am meisten berührt war, nachdem ich das Zeugnis gelesen habe. Nur, der Abschied verklärt noch einmal alles, doch ich werde meinen einstigen Französischlehrer nicht vergessen, so hoffe ich, denn ihm habe ich doch viel zu verdanken. Darüber darf ich natürlich nicht vergessen, aus welchen Gründen ich die Privatschule nun verlassen habe, um in einen neuen Lebensabschnitt einzutreten.

Ingeborg freute sich schon auf den Urlaub, um sich von den Anstrengungen des Schulwechsels zu erholen.

10. Urlaub am Staffelsee

Endlich starteten sie in den Urlaub. Ihr Quartier war in Seehausen, direkt am See. Sie genossen die Spaziergänge am Wasser und nahmen an einer Schiffsrundfahrt teil, die am Ende des Sees einen Aufenthalt einschloss, den sie zu einem Erkundungsspaziergang nutzten. Öfters statteten sie auch Murnau einen Besuch ab, aßen im Kurhaus zu Mittag und bummelten durch das Ortszentrum. Eines Tages liehen sie sich Fahrräder aus und Vater und Tochter fuhren am See entlang bis zum Ende. In den Pausen interessierten sie sich für die Blumen am Seeufer. Schließlich kehrten sie wieder zurück. Das war das erste und einzige Mal, wo sie ihren Vater fahrradfahrend erlebte. Bis dahin hatte sie gar nicht gewusst, dass er fahren konnte. Bei ihrer Mutter hingegen war in Bezug auf Fahrrad fahren Hopfen und Malz verloren, das hatte sie Ingeborg schon in ihren Erzählungen von früher offenbart. Das war einmal ein richtiges Vater-Tochter-Erlebnis, an das Ingeborg gerne zurückdachte! Es war auch dort, wo sie begann, Skizzen anzufertigen, um dann kolorierte Zeichnungen zu Hause davon anzufertigen. Besonders hatten es ihr die schönen Abendstimmungen am See angetan! Es ging auch in einer Bucht zum Schwimmen. Das gefiel Ingeborg sehr. Sie liebte es, in Seen zu schwimmen.

Ingeborgs Tagebuch enthält auch einige Erinnerungen an diesen letzten gemeinsamen Urlaub:

Murnau, den 10.8.1981
Wir sind nun hier in Seehausen bei Murnau angekommen und es gefällt uns sehr. Sehr ruhige Lage, nahe an Wald und See. Doch, wenig Uferpromenade ist vorhanden, da vieles privat ist.

Murnau, den12.8.1981
Gestern begann ich gegen Abend zu schreiben – Bilder waren nach einigem Nachdenken vor meinen Augen erschienen, die sich zu einer Geschichte verdichteten. In meinem Schreibfluß durch das Schlafengehen unterbrochen, begann ich heute früh erneut mit dem Schlußteil. Noch bevor wir hinausgingen, kam ich mit der Geschichte zu Ende.
Heute marschierten wir von unserer Herberge aus linksherum, wo wir nun endlich auf den gesuchten Seeweg stießen. Mit Wildwuchs bewachsene Waldlichtungen dehnten sich meist links von uns, in dem wilde und seltene Blumen blühten. Doch als wir schon zurückgekehrt, drang nach einem Regenschauer die Sonne durch die Wolkendecke. Wir vermissen hier eigentlich nichts, da als Extraraum auch ein Aufenthaltsraum mit Kochgelegenheit vorhanden ist. Das Zwigertsen von jungen Reihern begleitete uns ein Stück unseres Weges. Heute haben wir uns frische Kuhmilch geholt. Irgendwann wollen wir uns auch noch mal eine Suppe machen, aber heute haben wir nicht genug Milch dafür bekommen.

Murnau, den 13.8.1981
Heute Nachmittag waren wir im Freilichtmuseum oberhalb Kochels und der Kreut-Alm (Ausflugsfahrt). Wir erfuhren viel Wissenswertes über das bäurische Leben. Nun ist Tanz in Seehausen – wir

waren vorher unten am Landungssteg. Die Musik schallt zurück von den Neubauwohnungen neben dem alten Haus, in dem wir zur Zeit wohnen, und vom Wald, sodaß wir sogar den Ansager verstehen können, und haben es doch hier viel bequemer, da wir dort nur stehen konnten (hatten dafür auch keinen Eintritt bezahlt) – und es war am Seeufer viel schöner. Mit meinen Tanzkünsten kann ich mich nicht sehen lassen – trotz Petersthal habe ich das Empfinden, wo ich mit der Küchenfee Wiener Walzer getanzt habe bis zum Abwinken. Wegen der vielen Nachmittagsepochen und dem Schulwechsel bin ich nicht dazu gekommen, einen Tanzkurs zu besuchen.

Murnau, den 15.8.1981
Heute wurde mein Traum vom Fahrradfahren endlich Wirklichkeit! Papa hat sich endlich breitschlagen lassen, obwohl er von Anfang an dagegen war – und fuhr dann auch noch mit. Nur Mutti traut sich's nicht mehr zu. Ich habe es sogar geschafft, an den vorbeikommenden Menschen und Karossen vorbeizukutschieren. Wir waren bis im Murnauer Moos und zurück natürlich. Auf einer sonnenüberstrahlten Lichtung machten wir fast gegen Ende des Weges Rast und sind etwas im See spaziert.

Murnau, den 20.8.1981
Inzwischen folgten mehrere Radtouren (jeden Tag eine). Wir verbrachten hier schöne Tage, hatten wider Erwarten bis heute gutes Wetter im Großen und Ganzen. Da am Montag die Fahrt nach Oberammergau ausfiel, fuhren wir heute zum Gestüt Schwaiganger. Interessant war es doch, obwohl heute Mittag, bevor es losgehen sollte, ein jeder gestöhnt hat. Die Hitze hat uns allen zu schaffen gemacht

(Klettern bis nach Murnau hinauf) und dann der Wetterumschwung.

Ach, schon viel zu bald war die Urlaubsherrlichkeit vorbei und es wurde zur Heimfahrt geblasen. Der Start in der neuen Schule nahte heran.

Weiter liest man in Ingeborgs Tagebuch:

18.10.1981
Damals habe ich auch komponiert und mich vor allen Dingen mit Sprachen beschäftigt (Englisch, Französisch, Russisch). Ich habe angefangen, Literatur zu lesen und über Problematiken nachzudenken. Es war aber auch die Zeit, in der ich von einem anderen Land geträumt habe und Geschichten in ihm „erlebt" habe. Viele Gedichte aus und nach dieser Zeit berichten davon. Ich begann mit dem Geigenunterricht. Hier entstand mein erstes Theaterstück: „Ein Hohelied der Liebe", das ich beim Kurkonzert in Bad Liebenzell sich vor meinem geistigen Auge abspielen sah. Das Ende war ursprünglich nicht glücklich gedacht gewesen. Ich weiß selbst nicht mehr, durch was ich dazu kam, den Schluß dahingehend zu verändern. Nach meiner ursprünglichen Version sollten beide umkommen. Für dieses Stück habe ich ein ganzes Jahr gebraucht, um es zu vollenden. Ich begann damit in Liebenzell, also im Sommer.
Vor allem beschäftigte ich mich mit der Geschichte der einzelnen Indianerstämme, doch auch mit den Jugendbüchern von Charles
Dickens, die eine ganz andere Problematik an-sprechen und ähnliches („Oliver Twist", „Moby Dick). Doch interessierte ich mich wiederum auch für die Geschichte um das Schwarze Meer (Krimkriegtrilogie).

11. Schulabschlussfahrt nach Prag
Ingeborgs Erlebnisse und Erfahrungen in Prag

Im Juni 1982 ging es auf Schulabschlussfahrt nach Prag. Es fing schon gut an: Ingeborgs Namen war falsch geschrieben auf der Teilnehmerliste! Glücklicherweise gab es an der Grenze keine Schwierigkeiten deswegen. Nun ihr eigener Erlebnisbericht: „Wir haben in Prag viel erlebt, wenn auch vielleicht nicht alle. Am Montagnachmittag waren wir alle zusammen auf Stadtbesichtigung – noch sehr geschlaucht von der langen Nachtfahrt mit dem Zug. Um drei Uhr erreichten wir die deutsche Grenze in Schirnding und um vier dann die tschechische. Die Grenzer patrouillierten am Zug entlang. Auf der Grenzstation blieben wir bis ungefähr halb fünf Uhr liegen. Es wurde schon hell und wir konnten langsam mehr als nur die Umrisse des Bahnhofs wahrnehmen. Dann endlich fuhren wir weiter bis wir in Pilsen ankamen und erfuhren, dass wir zwei Stunden Verspätung hatten, blieben aber nichtsdestotrotz dort auch noch lange stehen. Endlich kamen wir in Prag an. So waren wir nun auf Stadtbesichtigung mit unserer Reiseleiterin, die gut Deutsch sprach und die nur Orientierungshilfen für unsere Unternehmungen in der Stadt gab. Dann sind wir abends todmüde ins Bett gesunken. Wir teilten uns zu dritt ein Zimmer. Toiletten und Waschräume waren auf dem Gang. Es war alles noch wie zu K & K Zeiten. Auch die Toilettenspülungen. Man musste an einem Strick ziehen, dann floss das Wasser aus dem Kasten oben an der Wand in die Toilettenschüssel. Es gab auch ein Faktotum als Hausdiener, der uns die Koffer hinauftrug. Eine alte Wendeltreppe führte nach oben zu den Zimmern. Zum Frühstück ging es in den Keller hinunter. Dort gab es einen großen Frühstücksraum. Eierspeisen wurden auf Wunsch frisch zubereitet. Ich hielt mich an Rühreier mit Schinken. Nach dem Frühstück ging es dann am folgenden Vormittag zum Hradschin hinauf, wo wir den Veitsdom und die Königsgruften besichtigten. Außerdem waren wir im Goldmachergässchen. Der Nachmittag war dann zur freien Verfügung. Ich schloss mich einer kleinen Gruppe an, die auf dem Weg zum Hotel einige Besorgungen machte. Dann trafen wir uns zum Abendessen im Speisesaal. Es wurde üppig getafelt. Schon die Vorspeisen bestanden aus Räucherlachs und Kaviar...Danach nahm ungefähr die Hälfte der Gruppe die Möglichkeit wahr, in eine Ballettpremiere im Smetanatheater zu gehen. Zunächst bewunderten wir die reiche Innenausstattung des Theaters. Es ließe sich vielleicht mit dem Wiener Hoftheater vergleichen. Unsere Plätze waren auf dem Balkon. Der Blick auf die Bühne war hervorragend von oben und hinein in die wunderschönen Kulissen. Die Musik war von Chopin, Dvořak und einigen unbekannten einheimischen Komponisten. Die Szenen wurden auf der Bühne richtig gespielt. Es war sehr beeindruckend. Am nächsten Vormittag ging es zur Ausstellung der Kinderzeichnungen aus dem Lager Theresienstadt, wo wir von der Dame geführt wurden, die sie zusammengestellt hatte. Auch sie selbst war dort interniert gewesen, wie sie uns erzählte. Aber sie könne sich kaum mehr daran erinnern. Eine Frau hat die Kinder im Zeichnen unterwiesen. Sie hat mit einer Psychologin zusammen Psychologische Studien über die Kinder und ihre Zeichnungen aufgeschrieben. Am nächsten Tag nahmen wir ihr Angebot wahr, in ihr Büro zu kommen und wir fragten sie, ob wir dieses Dokument einsehen könnten, und hatten Glück: Dieses Schriftstück wurde gerade zur Herausgabe von Auszügen in einer Zeitung bearbeitet. Sie schrieb über die Entwicklung einzelner Kinder und ihre

Arbeitsmethode. Am Nachmittag des Mittwoch fuhren wir dann nach Teresin (= Theresienstadt). Am Abend ging ich mit einer kleinen Gruppe in ein Konzert auf dem Malteserplatz. Ein älterer Herr, der auch dorthin unterwegs war, zeigte uns den Weg. Das Prager Philharmonieorchester spielte. Es war sehr schön. Schon lange ist es her, dass ich im Freien ein Konzert genießen konnte, da in Deutschland das Wetter längst nicht so beständig ist wie in Prag. Danach ging es noch in ein Lokal Beize), wo wir die Bekanntschaft zweier tschechischer Studenten machten, Volkswirtschaft und Medizin, die aber gleich zu Anfang sagten, dass sie nicht über Politik reden wollten, weil sie etwas werden wollten. Am nächsten Abend waren wir in der Laterna Magica, das ist eine Mischung aus Film, Pantomime und so weiter. Die Leinwand erfasst drei Seiten und damit kann der Effekt erzeugt werden, dass man mit dem in die Bildfläche hineinrennenden Schauspieler mit fährt, oder auch retour. Hiernach trafen wir einige junge Tschechen, zumeist Frauen, in einer Weinstube. Eine drehte Kinderfilme, war auch schon in Deutschland und konnte gut Deutsch. Mit einer anderen sprachen wir Englisch. Sie saß in unserer Nähe und sprach offen zu uns – musste aber vorsichtig ihrer eigenen Freundin gegenüber sein. Sie sagte uns, dass sie unser System gut finde (sogar exzellent), aber die Menschen seien so kalt. Manchmal möchte sie frei sein, aber andernteils möchte sie lieber unter den Menschen ihrer Heimat leben, die warmherziger seien. Anschließend wurde mein Geburtstag noch gefeiert, ab Punkt zwölf Uhr. Franzosen kamen noch in unser Zimmer, die keine Fremdsprache sprechen konnten und da mussten wir ganz einfach Französisch sprechen.

Schließlich waren alle gegangen und es kam die letzte Nacht, am nächsten Tag, das wussten wir, mussten wir das Hotel verlassen haben. Dann ging es in eine tschechische Schule, wo erst der Rektor uns die Eigenheiten seiner Schule erklärte, auch im Unterschied zu anderen Schulen: An seiner Schule gab es einen naturwissenschaftlichen Zug (Chemie, Biologie, Physik), einen sprachlichen Zug (Englisch, Deutsch, Russisch) und die Sportler bekamen Vergünstigungen (weniger Unterricht, dass sie die Möglichkeit hatten, zu Wettkämpfen zu fahren). Nach einer Gymnastikvorführung hatten wir die Möglichkeit, mit den Schülern allein zu sprechen, in kleineren Gruppen. Der Rektor wollte uns seine Jugendorganisation als SMV (Schüler-Mitverantwortung) hinstellen, brach dann aber plötzlich die Fragen ab und einer der Schüler sagte zu uns, der Rektor denke wie er. Außerdem fügte er hinzu, dass sie dadurch ausgewählt seien, weil sie in der Schülerorganisation seien. Da sein Vater nicht in der Partei sei, könne er keine Filmwissenschaften studieren. Wir fragten unseren Gesprächspartner nach Polen und er erzählte uns, dass er von seinem Vater wüsste, dass einige Arbeiter in einer Fabrik in Prag gestreikt hätten, die Polizei eingeschritten und die ganze Belegschaft, in der die Streikenden waren, ausgetauscht worden und in den Steinbruch geschickt worden wäre. Er fragte uns nach dem Atomkrieg und ahnten, dass er die gegenseitige Aufrüstung meinte und wir berichteten ihm von der Friedensbewegung und den Grünen, von denen ja einige Abgeordnete auch bei uns im Landtag sind. Er zeigte sich sehr interessiert.
Dann brachen wir zur evangelisch-theologischen Fakultät auf, wo wir erfuhren, dass die Kirche heute in der ČSSR praktisch nur noch ein Verein sei, der das Evangelium lehre und sonst nichts. Bis auf Ausnahmen: Es gebe zum Beispiel einige Kriegsdienstver-

weigerer, die im Gefängnis säßen. Einige Pfarrer versuchten, die Möglichkeit durchzusetzen, dass statt Militärdienst auch Zivildienst eingesetzt werde. Viel mehr erfuhren wir eigentlich nicht. Es ging dann zum Bahnhof, wo um halb zwölf Uhr nachts dann unser Zug abfuhr.

Es waren interessante fünf Tage, prall gefüllt mit neuen Erlebnissen und Erfahrungen gewesen und mir hat die Stadt an der Moldau sehr gefallen.

Auf Klassenfahrt in Prag

Hohe Häuser ragen auf
Breite Plätze,
Kleine Gassen nehmen ihren Lauf
Mit mehr oder weniger Interesse sieht man die
Schätze,
Die im Besitze dieser Stadt sind.

Dunkel und unheimelich
Muten die hohen Wände der Post
Und doch ein wenig heimelig.
Still liegt im Dunkel die Karlowomost
Mit ihren schönen Figuren.

Unter einem Ahorn
Hörten wir die Prager Philharmonie
In der zweiten Reih' – ganz vorn
Das war so schön wie noch nie.
Lange, lange ist das her – im Freien!

Die Sprache ist weich
Trotz vieler Konsonanten
An Worten reich
Man spürt die polnischen und russischen Verwand-
ten.

In Teresin berührt einen dunkel die Vergangenheit
Und es kommen Filme und Bücher
Herauf aus dem Vergessen der Zeit,
Das sich darauf gelegt wie hüllende Tücher
Und die Erfahrungen aus der Konfrontation mit die-
ser Zeit brechen hervor.

Man spricht dann auch gerne
Mit anderen darüber,
Daß es wichtig wäre, daß man aus der Vergangen-
heit lerne.
Doch die anderen sagen, sie hätten es über
Sie seien übersättigt damit.

Michael sagte, daß ihn so etwas lähme.
Doch ich finde, sie muß lebendig sein,
Daß man jetzt handelt, daß Ähnliches nicht käme.
Maria meint, daß man mit Gewalt um Gerechtigkeit
im Sein
Kämpfen müsse, statt mit Gewaltlosigkeit.
Sie hat ihre Erfahrungen von Argentinien mitge-
bracht.

Nun mußten wir Abschied nehmen
Von den Stätten in Prag
Die Dunkelheit wollte uns in sich aufnehmen
In ihr Reich von Schweigen ohne Klag
In ihren Trauermantel hüllen
Und unsere Herzen mit Abschiedsschmerz füllen.

Die Stätten und die Menschen gehen
Das Regime bleibt wie es ist – Abschiedsfahnen
    wehn.
Ohne Freiheit – nur mit List
Kann man dort durch Touristen zu etwas Reichtum
    kommen.

Die Abfahrtszeit ist gekommen
Langsam rollt der Zug aus dem erleuchteten Bahnhof
    hinaus
Hinaus in der Dunkelheit Wärme und Graus.
Was wird folgen, was wird kommen
In Jahren die Erfahrung zerronnen

Wie so manches einst geschehen
Oder wird sie uns als Erinnerung entgegenwehen
Im Lauf des Lebens auf der Welt?
Ist uns eine neue Begegnung damit in die Zukunft
    gestellt?
Oder soll das die einzige Erfahrung mit diesen Staa-
    ten bleiben?"

1982
Zur Zeit lese ich gerade einen historischen Roman
über Hatschepsut, eine ägyptische Pharaonin. Dieses
Buch läßt vor dem Leser die vergangene Zeit und die
damaligen Lebenszusammenhänge wieder lebendig
werden und trotzdem ist es spannend und plastisch
geschrieben.
Im Augenblick läuft ein Mozartfünfteiler, auf den
wir natürlich „abonniert" haben. Er zeigt sehr deut-
lich die Interessen seines Vaters an seiner Karriere.

12. Abitur

Es war ein hartes 12. Schuljahr geworden. Ingeborg musste viel lernen und dann kam das Warten auf die Ergebnisse. Hurra, die Versetzung war geschafft und mehr als das: Mit dem Notendurchschnitt konnte Ingeborg mehr als zufrieden sein! In den Ferien gab es diesmal nur einen Tagesausflug nach Salzburg, der sehr schön war. Nach der Ankunft gab es eine interessante Stadtführung und danach verbrachten sie die freie Zeit im schönen Mirabellgarten. Das Wetter war schön, obwohl Salzburg doch für den Schnürlregen bekannt war. Ja, ihr Vater war aus dem Berufsleben ausgeschieden – vorzeitig in Absprache mit dem Arbeitgeber – und sie hatten wegen einer anstehenden Modernisierung im März in eine teurere Wohnung in einem Vorort umziehen müssen. Da war diesmal kein Geld übrig für eine Ferienreise. Ingeborg hatte sich von ihrem ersparten Geld ein Fahrrad geleistet. In dem neuen Wohnviertel gab es Fahrmöglichkeiten. So nutzte sie die Ferien zum Fahrradfahren. Eine Klassenkameradin wohnte nicht weit von ihr und so unternahmen sie zusammen einige Touren.
Nach den Ferien ging es mit dem Lernen in die Vollen. Denn nun wurde es ernst mit der Prüfungsvorbereitung. Selbst die Weihnachtsferien nutzte Ingeborg samt den Feiertagen, um fleißig zu lernen. Gleich nach den Ferien ging es mit den schriftlichen Prüfungen los. Sie wollte es unbedingt schaffen und wusste auch, was auf dem Spiel stand: Im Falle eines Versagens hätte sie die 12. und die 13. Klasse wiederholen müssen, weil es in der nachfolgenden Klasse keinen Religion-Leistungskurs gab. Das war der Preis für diese interessante Wahl gewesen! Doch ihr gelang es, trotzdem sie in Französisch ins Mündliche musste, auch diese Hürde zu nehmen und sie

bestand ihr Abitur nicht nur, sondern errang auch einen guten Durchschnitt. Allerdings waren auch alle weiteren Ferien und Feiertage ihrer Lernwut zum Opfer gefallen. Aber es hatte sich ja auch gelohnt! Zur Belohnung unternahmen sie in den Ferien eine Tagesfahrt in die Schweiz. Da mehrere Fahrten zusammengelegt werden mussten, ging es von Meersburg mit der Fähre nach Konstanz. Allerdings war das keine schöne Erfahrung. Es gab keine Sitzplätze, sie mussten die gesamte Überfahrt stehen und waren froh, als sie angelangt waren. Beim Schließen der Ladeklappen vor der Abfahrt lief Wasser herein und bildete Pfützen um die Fahrzeuge. Als sie in Konstanz angekommen waren, ging es weiter nach Zürich, wo die nächsten Fahrtteilnehmer abgeliefert wurden. Endlich waren sie an ihrem Zielpunkt in Luzern am Vierwaldstättersee angelangt. Sie streiften durch den Ort und überquerten die berühmte Holzbrücke, die älteste Europas mit dem schönen Bildzyklus, der um 1560 entstanden war. Leider mussten sie schon bald wieder zum Bus, weil sie rechtzeitig bei den anderen beiden Ausstiegsstellen sein mussten. Am Zürichsee hatten sie etwas Pause und konnten noch etwas am See spazieren gehen. Es war ein sehr schöner Ausflug und die schöne Holzbrücke ist Ingeborg in bleibender Erinnerung geblieben. Sie war sehr traurig, als sie einige Jahre später von ihrer Zerstörung durch einen Brand erfuhr.

13. Brieffreundschaften

Schon in der Schulzeit fand Ingeborg ihre erste Brieffreundin. Die Tochter einer Bekannten ihres Vaters. Es entwickelte sich ein reger Austausch zwischen den beiden.

Im Sommer 1975 beschloss Ingeborgs Vater, der Einladung der Mutter von Ingeborgs Brieffreundin zu folgen und so reisten sie zu dritt in einen Vorort von Kassel.

Ein Ausflug führte sie nach Kassel hinein. Sie bummelten durch das Stadtzentrum und fuhren zum Habichtswald hinauf, wo sie durch den Park mit dem Schloss und dem Wasserfall bummelten.

Den folgenden Tag verbrachte Ingeborg mit der Brieffreundin.

Nachdem Ingeborg und ihre Eltern ein paar Tage im Hause der Mutter der Brieffreundin verbracht hatten, reisten sie weiter an den Edersee, wo sie in Waldeck in einer Pension Quartier nahmen. Sie erkundeten die Ortschaft und spazierten zum Stausee hinunter durch den Wald. Einmal fuhren Mutter und Tochter mit der Kabinenbahn hinauf. Das war ein Erlebnis!

In Ingeborgs Tagebuch steht noch folgendes zu dieser Reise verzeichnet:

„Wir waren in Waldeck am Edersee und von dort aus im Wildpark im Edertal. Dort kann man die Tiere füttern. Es gab Rehe, Hirsche, Wildschweine und viele andere Tiere.

Einmal fuhren wir Tretboot auf dem Edersee. Vom Wasser aus hat man einen tollen Blick auf die Burg. An einem regnerischen Morgen besichtigten wir sie.

Eines Tages sahen wir Waschbären, als wir an einer Schlucht entlangwanderten, durch die ein Bach floß, – aber es war nur Sumpf, kein Wasser im Bachbett. Eine Brücke führte darüberhin."

14. Ferienerlebnisse

Ingeborg begann, ihre alten Tagebücher zu suchen und wurde auch fündig. Sie begann, darin zu schmökern und beförderte auf diese Weise so manches scheinbar vergessene Erlebnis wieder herauf, das im Trubel der Ereignisse in Vergessenheit geraten war. Einige Passagen fielen ihr besonders ins Auge:

Juli 1983
Mein Ahorn wollte erst nicht ausschlagen, aber jetzt ist er prächtig gekommen.
Ich besticke gerade ein Deckchen für meinen Nachttisch.
Heute haben wir eine lange Wanderung unternommen über Thalfingen, Donaubrücke Richtung Friedrichsau. An dem Baggersee dort haben wir Rast gemacht. Er gehört zu einem neuerschlossenen Naherholungsgebiet von Pfuhl. Somit haben wir heute die bayerische Seite unseres Donauabschnitts erkundet. Ein romantischer Uferweg führte an der Donau entlang zum Wasserkraftwerk und von dort weiter in die Friedrichsau. Nach dem guten Mittagessen in einer Gartenwirtschaft haben wir dann den Aufstieg gewagt. Da die Wege schattig waren, hat uns die Hitze kaum etwas ausgemacht."

14.8.1983
Der Wald umfing uns kühl. Unter den Schuhen knirschten die ewigen kleinen Steine, mit denen hier die Wege bedeckt sind. Beim Kraftwerk überquerten wir die Bahnschienen (unbeschrankter Bahnübergang). Der Uferweg führte uns zwischen Gärten und Fluß entlang. Wie Torbögen reckten die Bäume ihre Zweige über den Weg. Von Ferne wirkte der Weg wie ein Bogengang, der auf eine, von der Sonne

*überflutete Öffnung in Weite hinauszuführen schien.
Nach der Brücke über den Fluß gingen wir noch ein
Stück links am Wald entlang, bis wir uns entschlossen, ins nächste Dorf zu gehen. Heiß glühte der As-
phalt unter den Sohlen der bestaubten Schuhe. Ein
herrlicher See lag linker Hand im Gebüsch, lieblich
in eine Mulde eingebettet – aber alles eingezäunt, ein
Privatsee! – Eine Weidenallee führte uns dann zum
Ort. Die alte Kirche war leider abgeschlossen. Wir
hatten uns für unsere Wanderung gerade den richtigen Tag ausgesucht – rechtzeitig zum Hoffest trudel-
ten wir dort ein (dadurch wurde es trotz Mittagessen
noch ein einigermaßen billiger Ausflug). Diesmal
hatte ich zum ersten Mal den Fotoapparat, den ich
von meiner Tante geschenkt bekommen hatte, dabei
– es war die Einweihung sozusagen. Hoffentlich sind
die Bilder etwas geworden! Danach sind wir trotz der
glühenden Hitze zurückgelaufen. Über dem Wäldchen beim Schießstand kreischten die Krähen und
schienen wohl schon den nahen Winter anzukündi-
gen. Wir bogen jetzt links in den Wald ein und kamen ans Flußufer. Ein schöner romantischer Weg,
nur durch ein paar Büsche und Bäume vom Ufer ge-
trennt, tat sich vor uns auf und führte uns zum Kraftwerk vor. Leise rauschten die Blätter im Wind, die
Zweige der Krüppelweiden bogen sich über die Was-
serfläche, die hie und da durch einen Windhauch ge-
kräuselt wurde. So wie dieser Weg mit Wurzeln bedeckt und von Sträuchern und Bäumen gesäumt, die
zwischen ihren Ästen und Blättern den Blick freilie-
ßen auf das Band des Flußes, mag wohl einst die
Uferpromenade stadteinwärts gewesen sein. Einsam
riefen seltene Vögel in die Stille hinein. Vorbei ging
es an einem Badesee, der ruhig im Mittagsglast dalag
und seine schimmernde Fläche dem Beschauer dar-
bot. Weiter ging es Richtung Kraftwerk. Bäume und
Sträucher waren hie und da mit einer weißlichen*

Schicht bedeckt, abgestorbene Bäume ragten in den friedlichen Mittagshimmel hinein – wie eine Anklage gegen die Menschen, die die Natur hier für ihre Zwecke ausbeuteten. Schäumendes Wasser kam aus Öffnungen aus der Uferböschung. Dann ging es über die Brücke beim Kraftwerk, den Bahnübergang und durch den Wald nach Hause.

Müde heimgekehrt sitze ich in meinem Zimmer und höre die Fliegen summen. Die Hitze lastet auf dem Rolladen vor dem Fenster. Fliegen surren um den Ahorn, dessen Blätter hell im durchsickernden Sonnenschein leuchten. Der Schatten der Blätter fällt darauf, die Sonne ist längst weitergezogen und man spürt schon das kühle Lüftchen, das inzwischen draußen weht. Stille ist eingekehrt in die Herzen der Menschen – alles schweigt. Bald werden die Mauern wieder zu neuem Leben erwachen! Weiter zieht die Sonne – dem Westen zu. Der Abend naht schon so bald – und doch – die Herbsttage sind die schönsten! – Ein Sonntagsausflug im August.

Auch an die Kirche am Kuhberg und die am Eselsberg, wo eine Bekannte von uns ab und zu gepredigt hat, kann ich mich noch gut erinnern. Da sind wir oft durch die Gartenanlagen hinaufgelaufen. Es war schon ein weiter Weg, denn wir mußten erst ein Stück an der Blau entlanggehen, weiter ging es zur Brücke über eine sehr befahrene Straße, über die Brücke hinüber und dann den Berg hinauf durch die Gärten. Meist war ich mit meinem Vater allein dort, weil meine Mutter zu Hause blieb und kochte. Anschließend an den Gottesdienst hat mein Vater meist noch mit der Bekannten gesprochen und oft folgte eine Einladung zu ihr nach Hause. An die Wohnung ihrer Eltern kann ich mich auch noch gut erinnern.

An einen Kindergeburtstag bei einer Klassenkameradin kann ich mich auch noch dunkel erinnern. Ich war schon über Mittag da. Es war das erste Mal, daß ich zu so etwas eingeladen war. Sonst hatte ich nur immer zu meinem Geburtstag Klassenkameradinnen da. Wir sprachen miteinander und es war eigentlich ganz nett – doch als das Gespräch richtig wichtig zu werden schien, klingelte es und eine andere Klassenkameradin stand vor der Tür. Ihr Vater war wohl einmal in Afrika gewesen. Einmal hat sie uns im Handarbeitsunterricht erzählt, daß er eine riesige Menge Blut verloren habe durch eine Verletzung. Ich weiß nur noch, daß es eine ungeheuerliche Menge gewesen sein soll – denn dadurch ist mir diese Begebenheit im Gedächtnis hängeblieben. Damit steht eigentlich die gesamte Privatschulzeit wieder vor meinen inneren Augen – unauslöschlich. Ich bin froh, daß alles wieder da ist – denn es war doch schließlich ein gewaltiger Abschnitt meines Lebens, den ich dort verbracht habe. Daneben war ich in einer Jugendgruppe von der Kirche aus von neun bis elf. Außerdem hatte ich Geigenstunde bis in die neunte Klasse
Mit zehn Jahren fragte mich meine Mutter, ob ich Schwimmen lernen wollte, da sei ein Schwimmkurs angeboten. Da war ich gleich Feuer und Flamme. Nach dem Schwimmkurs trat ich in die DLRG ein und ging fortan jeden Dienstagabend zum Schwimmen. Dort legte ich Frei- und Fahrtenschwimmprüfung ab, die Nachweise darüber sind leider verlorengegangen. Und nach dem Umzug habe ich eigentlich auch jede Hoffnung darauf aufgegeben, daß sie noch einmal auftauchen. Schade drum. Damals war ich nämlich sehr stolz darauf und verrückt danach, irgendwelche Qualifikationen zu erwerben. Vielleicht ist daran auch ein bißchen die Notenlosigkeit in der Privatschule schuld – das andere Extrem zur Staatsschule.

Seit ich ungefähr elf Jahre alt war, ging ich in die Kurrende, einen Jugenchor und lernte dort das Singen von der Pike auf. Jedes Mal, zu Anfang der Probe machten wir Stimmübungen – oft kamen wir bis zum hohen a hinauf, was nach den Aussagen unseres Leiters, schon eine beachtliche Leistung war. Bei der Offenen Bachkantatete waren wir immer dabei, zusammen mit der Kantorei, dem großen Chor für die Erwachsenen. Wir fuhren auch hie und da zu Aufführungen über Land – einmal sangen wir in der alten Langenauer Kirche eine Arie solo. Wir waren nur sehr wenige. Ich kann mich nur erinnern, daß sie ziemlich schwer und hoch war. Wir probten immer im vorderen Teil des Gemeindesaales. Jedes Jahr unternahmen wir einen Tagesausflug – meine Mutter war meistens dabei, wie ich auch zuweilen bei ihren Helferinnenausflügen. Zu diesem Club gehört sie noch immer, obwohl wir in einem anderen Stadtteil gelandet sind. Dabei muß ich wieder an eine ältere Dame denken, die letztes Jahr gestorben ist. Ich vermisse sie sehr, denn ich habe sie immer gerne gesehen – meistens haben wir nach der Kirche miteinander gesprochen. Entweder mein Vater oder meine Mutter waren immer dabei. Ein oder zwei Mal war sie auch mit einer Nachbarin bei uns. Einmal haben wir einen Ausflug zu einem Sängerwettstreit unternommen. Dort auf einem Hügel sieht es wie in der Heide aus, die ich von einem Besuch bei meiner Tante kenne. Als ich sieben Jahre alt war sind wir von meinem Opa aus zu ihr gefahren. In dem Dorf lebte ein ehemaliger Pfarrer, der aus Gesundheitsgründen aus dem Dienst ausgeschieden ist. Er ist bei einer Freizeitvorbereitung in Österreich letztes Jahr plötzlich gestorben. Ich habe ihn ja nur mit meinem Vater zusammen manchmal getroffen und doch geht es mir irgendwie nahe.

Wasserwellen
Funkeln wie Smaragde
Schießen wie Silberwellen
Stürzen wie kleine Katarakte
Spielen in der leichten Sommerbrise.

Süß klingt die Melodei
An mein Ohr
Da springt sie entzwei
Die helle große Woge und öffnet ein Tor
In den silberblauen Himmel.

Schwalbengeschrei
Füllt die einsame Luft
Bemooste uralte Bäume spiegeln ihr Konterfei
In der moosdunklen Wassergruft im alten Park-
grund.

15. Johannisfeuer

Einmal lasen Ingeborg und ihre Mutter einen historischen Roman, wo eine Mittsommerfeier mit Johannisfeuer beschrieben wurde. Am Ende, als das Feuer am Herunterbrennen war, sprangen Pärchen darüber.
Um Ingeborgs Heimatstadt gibt es vier Anhöhen, drei davon tragen im Namen den Bestandteil „Berg", der vierte trägt einen alemannischen Ortsnamen. Einmal entdeckte Ingeborgs Mutter eine Anzeige in der Tageszeitung, dass ein Sonnwendfeuer auf einem dieser Hügel gezündet würde. So fuhren sie mit dem Bus los. Den Rest der Strecke ging es zu Fuß. Als sie ankamen, war schon eine erkleckliche Menschenmenge versammelt. Und da stand er auch schon, der hochaufgeschichtete Stapel

aus Ästen und Zweigen. Als es dunkelte, wurde der Holzstoß entzündet. Hoch auf schossen die Flammen in den Himmel. Die rötlichen Flammen züngelten am Holz hinauf, knisterten und das beeindruckende Schauspiel wurde von Musik und Gesang begleitet. Schließlich wurde der Holzstoß immer kleiner, verzehrt von den gefräßigen und unersättlichen züngelnden Flammen und sank schließlich in sich zusammen. Ab und zu leckten noch Flämmchen, die aus der Glut aufschossen, an verbliebenen Ästchen und Zweiglein, die aus dem Aschehaufen, zu dem der Holzstoß zusammengesunken war, entlang, bis auch sie zu Asche zerfielen. Schließlich erlosch auch der letzte Rest Glut, der Gesang und die Musik verstummten und einer nach dem anderen verschwanden die Zuschauer im Dunkel der Nacht. Noch lange blieb dieses beeindruckende Feuerschauspiel in Ingeborgs Gedächtnis haften.

16. Hoch hinaus

Eines Tages kam Ingeborg in der Nähe des Münsters vorbei. Da vernahm sie ein Fluggeräusch, blickte am Turm hoch und sah einen Hubschrauber hoch droben um ihn kreisen. Eine Weile sah sie dem Treiben zu und grübelte, was das wohl zu bedeuten hätte. Am folgenden Tag las sie in der Zeitung, dass vom Hubschrauber aus versucht worden war, einen Menschen davon abzuhalten, sich aus Verzweiflung in die Tiefe zu stürzen.
Da erinnerte sich Ingeborg an ihre Schulzeit, als sie mit ihrer Klasse eine Turmbesteigung unternommen hat. Es ging die alten, steilen, ausgetretenen Stufen hinauf. Die erste Station war die Türmerstube, die sie besichtigten. Unterwegs erzählte ein Klassenkamerad von einer anderen Schulklasse, die

eine Turmbesteigung gewagt hatte. Auf der Aussichtsplattform war ein Kind wohl durch Unvorsichtigkeit in die Tiefe gestürzt. Da sprang der Lehrer kurz entschlossen hinterher. Als sie nach dem beschwerlichen Aufstieg oben anlangten, trat Ingeborg nur zögerlich auf die Plattform hinaus. Andere beugten sich verwegen über das Geländer. Sie dagegen hielt vorsichtig Abstand davon. So konnte sie die Aussicht gar nicht richtig genießen und war froh, als zum Aufbruch geblasen wurde und sie sich wieder an den Abstieg machten, der ihr beschwerlicher und gefährlicher als der Aufstieg dünkte. Sie war erleichtert, als sie endlich glücklich und sicher wieder unten angelangt waren. Lange Zeit blieb sie solcher Art Abenteuer fern.

Nun hatte der Anblick des Hubschraubers ihr wieder alles ins Gedächtnis gerufen. Immer, wenn sie am Münster vorbeiging, musste sie nun unausweichlich daran denken!

17. Zukunftspläne

Ingeborg saß auf dem Balkon. Es war eine laue Sommernacht, der Vollmond zog seine Bahn am Himmelszelt und Sterne blinkten hell und schwach. Ein laues Lüftchen spielte in den alten Tannen und Kiefern. Ein Windlicht flackerte im Luftzug auf dem Balkontischchen. Sie träumte in die unendliche stille Weite hinaus. Erinnerungen aus längst vergessenen Kindertagen stiegen in ihr auf. Wie oft saß sie in ein Buch vertieft und träumte sich in andere Welten. Sie lernte viel aus der Lektüre. Besonders historische Romane und Biographien fesselten sie. Wenn ihre Mutter ein interessantes Buch vorhatte, wartete sie schon ungeduldig darauf, es übernehmen zu können. Abends, nach getaner Arbeit, saß ihre Mutter immer lesend in der Küche. Sie las oft noch lange in die Nacht hinein und verschlang ein Buch nach dem anderen. Wenn sie fertig war, gab sie die Bücher an Ingeborg weiter, solange die Leihfrist noch versprach, auszureichen. Wenn Ingeborg fertig war, tauschten sie sich darüber aus. Sie verfolgten auch immer Kino- und Fernsehprogramme und sahen sich Buchverfilmungen an. So lasen sie auch Bücher über das Leben von Ärzten. Ingeborgs Mutter wünschte sich, dass ihre Tochter Medizin studieren würde, um Ärztin zu werden. Daran dachte Ingeborg an diesem schönen Sommerabend.

Am Abend zuvor war sie auf der Abiturfeier gewesen. Die Abizeitung, in der sie zuvor, als es noch hell genug war, geblättert und gelesen hatte, lag vor ihr aufgeschlagen auf dem Tisch. Ein großer Lebensabschnitt – die Schulzeit – war nun zu Ende gegangen, erfolgreich abgeschlossen. Was sollte sie nun in ihrem Leben beginnen, womit sollte sie sich befassen, welchen Beruf ergreifen? Nun kamen diese Erinnerungen aus dem Strom des Vergessens herauf.

Andernteils war da auch die Theologie, die sie sehr interessierte. Sie hatte nicht umsonst Biologie und Religion als Leistungskurse gewählt. Doch auch die Sprachen begeisterten sie sehr. Französisch erkor sie zum dritten Prüfungsfach gefolgt von Deutsch als viertem. Doch – wofür sollte sie sich entscheiden? Das Lebensschiffchen stand wartend am Ufer, sie musste es nur besteigen, das Steuerruder ergreifen und in eine Richtung lenken. Doch ihr fiel die Entscheidung gar so schwer. Es gab so vieles zu lernen und zu entdecken – wohin sollte sie sich wenden?

Musikklänge drangen von Ferne zu ihr herüber, zarte Melodien, bezaubernde Klänge. Da juckte es sie schon in den Fingern, ihre Gitarre zu holen und zu spielen. Vor ihrem inneren Ohr hörte sie schon wundervolle Klänge, die den Zauber dieser wundervollen Sommernacht besangen. Auch das Reich der Musik wollte entdeckt werden.

Der Vollmond guckte durch die Zweige der alten Kiefer und war da nicht ein Lächeln auf sein Gesicht hingezaubert? Leise tirilierte ein Vöglein im Traum. Ein Falter flatterte trunken über den Balkon. Das Windlicht war längst erloschen, nur der Mond sandte sein fahles Licht herunter und beleuchtete die Szenerie.

Ingeborg saß noch lange und sann darüber nach, was sie mit ihrem weiteren Leben anfangen, wofür sie sich entscheiden sollte. Warum konnte man nicht wie früher Vielerlei studieren und sich gar noch nicht gleich entscheiden und festlegen? Sie wollte so gern noch viel lernen und kennenlernen in ihrem Leben. Und auch die Musik sollte nicht zu kurz kommen! Nur wusste sie noch nicht, wie sie das bewerkstelligen sollte!

Sie blickte noch eine Weile in den Nachthimmel hinauf, an dem der Mond und die Sterne ihre Bahn zogen. Bald würde sie eine Entscheidung treffen müssen, wenn sie nicht das Wintersemester versäumen wollte. Doch den schönen Abend wollte sie ausklingen lassen, ohne sich schon auf eine Richtung festzulegen. Ihr blieb noch ein bisschen Zeit zur Entscheidungsfindung. So lange wollte sie sich noch nicht auf ein Studienfach festlegen. Erst einmal wollte sie sich über ihren schulischen Erfolg freuen und dann zu neuen Ufern aufbrechen. Es würde sicher interessant und spannend werden, egal, wie sie sich entscheiden würde.

Das große Abenteuer Leben wartete auf sie!

Nachspann

Die Sonne war noch hoch am Himmel, da brach Ingeborg auf zum kleinen See mit der Fontäne, an dem sie so gerne saß. Als sie ankam, sah sie schon, dass ihre Lieblingsbank frei war und ließ sich darauf nieder. Es war noch heiß, doch der feuchte Lufthauch der Fontäne fächelte ihr Kühle zu. Nachdem sie eine Weile in die Ferne geträumt und die beginnende Abendstimmung genossen hatte, zog sie einen Brief aus der Tasche und begann zu lesen. Er war von ihrer Brieffreundin. Sie schrieben sich schon lange Jahre und hatten sich auch schon getroffen. Ingeborg war neugierig, was sie ihr zu berichten hatte. Zunächst erzählte sie von den neuesten Familienereignissen und der Reise zu ihrer Tochter und deren Familie, von der sie gerade zurückgekehrt war. Dann fragte sie nach Ingeborgs Buch, dessen Erscheinen sie schon sehnlichst erwartete. Als Ingeborg nach Beendigung der Lektüre aufblickte, ließ sich ein Spätzchen tschilpend vor ihr nieder. Die Schwäne schwammen mit ihren Jungen vorbei. Ein Vöglein sang sein Abendlied. Ja, wann würde sie wohl fertig sein mit ihren Lebenserinnerungen? Das stand noch in den Sternen, wenn sie an die Tagebücher dachte, die sie zu Hause auf dem Schreibtisch aufgestapelt hatte. Sie hatten im Bücherschrank im Verborgenen geschlummert und wollten nun zu neuem Leben erweckt werden – und das brauchte Zeit, viel Zeit! Es war gar nicht so einfach, ein Buch zu schreiben. Sie war erstaunt, an was sie sich noch alles aus ihrer Kindheit und Jugendzeit erinnern konnte. Das hatte sie ja schon alles zusammengeschrieben. Aber nun war sie an einen Wendepunkt in ihrer Arbeit gekommen. Es gab nicht nur allein ihre Erinnerungen, sondern auch Tagebücher, die gesichtet werden

mussten. Das würde lange dauern. Sie hatte auch schon den ersten Lesungstermin bekommen. Nein, bis dahin war die Stofffülle keinesfalls zu bewältigen – und wenn, dann sollte es doch Hand und Fuß haben. Dafür brauchte sie noch einiges an Zeit. Doch nun ging ihr Urlaub zu Ende und sie musste zur Arbeit zurückkehren. Was sollte sie tun? Sollte sie ihre Freundinnen und ihre Leserschaft so lange warten lassen, wo sie doch schon dem Buch entgegenfieberten? Es konnte lange dauern, bis sie wieder richtig Zeit fand, am Buch zu arbeiten. So lange wollte sie sie nicht warten lassen! Sie beschloss, das Weitere in einen zweiten Band zu verschieben und das erste Buch nun zu beenden. Dann konnte sie die Neugier ihrer Freundin wenigstens schon zu einem Teil befriedigen. So wollte sie es machen!Wenn dieses Buch vollendet war wollte sie den Fortsetzungsband so bald wie möglich in Angriff nehmen – vielleicht in ihrem nächsten Urlaub? Sie beschloss, die Tagebücher mit ins Reisegepäck zu stecken, wenn sie in ein paar Monaten eine ihrer anderen Brieffreundinnen besuchen fahren wollte! Inzwischen war der Mond in den Bäumen aufgegangen und warf sein milchiges Licht auf das dunkle Wasser des Sees. Ein heller Stern ging im Osten auf und folgte der Sichel des Mondes auf ihrer Bahn über den abendlichen Himmel. Es wurde still um sie herum und Ingeborg stand auf und machte sich auf den Heimweg, erfüllt von der Schönheit der Sommernacht. Grillen zirpten im Gebüsch und erinnerten sie an die Zikaden und ihre nächtlichen Konzerte in Italien. Das schien ihr wie in einem anderen Leben gewesen zu sein.
Zu Hause angekommen legte sie den Brief auf ihren Schreibtisch. Sie würde ihr bald antworten und das Erscheinen ihres Buches ankündigen können. Vielleicht würde sie sie im folgenden Jahr besuchen und

war schon gespannt auf ein Gespräch mit ihr darüber. Möglich, dass sie ihr dann schon das Erscheinen des Folgebandes ankündigen konnte! Mit diesen Gedanken entschlummerte sie schließlich ins Reich der Träume.